中◆小◆學◆生◆必◆讀◆的

西洋人物故事

不可不知的48篇西洋人物故事

曹若梅◎著　江長芳◎圖

推薦序

一位西方哲學家曾說：「生活中要不斷的學習，千萬別以為隨著年紀的增長，就會自動帶來智慧。」我想這正如同中國的一句古話：「活到老學到老。」這些話用到教學和寫作上也是至理名言。

本書的作者曹若梅老師是我在師大歷史系任教時的優秀學生，這二十多年來，她不僅能將國中教師的工作勝任愉快，暇時還能執筆為文，為莘莘學子們撰寫有趣的歷史故事，她的毅力和才華令人佩服。

平心而論，當今歷史教育的推動，實在是一件吃力又不討好的事，就以國中的歷史課程來說，教科書上繁複的內容，本來就有賴老師的解說和耐心講述，而現在授課時數卻又遭受大幅縮減，加之以基本學力測驗的考試項目中，又包含了歷史這一科，為了替同學爭取高分，歷史老師的任重而道遠，艱辛備嘗是可以理解的。所以，要將歷史課上得叫座又叫好，真是一件頗不容易達成的任務。

今天，曹若梅老師以生動的文筆，將許多課本裡人物的故事和事蹟寫得栩栩如生，又不失歷史的真相，讓原本艱澀的課文活潑了起來，也因此提升了孩子們的學習興趣，加深了對史事的印象，既可以快樂學習，又能在考試時贏得高分，更能增進作文的能力，這真是一舉數得的事。因此，我願鄭重的推薦這本書，與讀者共享之。

國立台灣師範大學前文學院院長
現任中國文化大學史學研究所教授
王仲孚

自序

「歷史」，好一個深奧的名詞、專業的學科，對國高中的孩子們來說，它似乎只是一門考試的科目。但是，如果加上「故事」二字，它彷彿脫胎換骨，立刻變得吸引力大增，讓人想要親近了解。

在我們的生活周遭，其實和歷史是脫不了關係的，姑且不論課本上教了些什麼，許多旅遊景點的緣起、民俗節日的由來，乃至於小說戲劇的架構，也都和歷史有著密不可分的淵源，歷史豐富了人們的生活，讓大家有了共同的記憶。

可是，童年時期念念不忘所聽過、津津有味所看過的不少歷史故事，多半是屬於古老中國發生的事，大家熟知的歷史人物，絕對是以中國的居多；至於外國人，除了少數幾個赫赫有名的之外，幾乎都是很陌生的，對於西洋文化的傳承演變、來龍去脈更是涉獵有限，如今回想起來，不免有著一絲遺憾。

「老師，奧匈帝國和澳洲是同一個地方嗎？」「伊莉莎白一世和今天的英國女王是母女嗎？」「住在巴爾幹半島的『斯拉』夫人是誰？」這是當我從事歷史教學以來，所遇到諸多荒謬離奇的問題之一。坦白說，我不怪罪孩子們的懵懂無知，因為西洋歷史對他們來說，真是遙不可及的茫然，這種疏離感的造成，或許是因為距離，更可能是因為缺乏深入淺出、兼顧趣味與史實的課外讀物吧！

今天，隨著交通工具的日新月異，電腦資訊的傳播，過去廣泛無垠的世界，如今卻是天涯若比鄰，千里之外的事情，轉眼間傳遍全球，甚至影響了你我，身為一個現代人，是不可能與地球村相隔絕的。如果學生們只能背誦著外國歷史的人物名字和事蹟，卻全然不知其因果發展，這是多麼可惜的一件事啊！這便是我執筆《中小學生必讀的西洋人物故事》的原動力。我希望藉由故事的穿針引線，提升孩子們的求知慾，而能多元的學習，深入認識彼邦，而不只是將來也許有一天，當他踏上彼邦的土地時，卻只能從坊間的文宣裡熟悉某一種名產美食。

或許，外國歷史裡一長串的人名、地名和事蹟，曾經把人攪得是糊裡糊塗，不過，這其中的奧妙和意涵是值得我們深究的。本書願以歷史的原貌呈現真實，並兼顧趣味的提攜，也願與先進賢達共同為歷史教育而努力。

曹若梅

二〇〇六年七月

目次

希臘智者

泰利斯

西方歷史上第一位科學家兼哲學家，
古希臘七賢人之一，
是一位智者，是米利都的驕傲！

耀眼的陽光灑在無垠的曠野，平原上的氣氛異常凝重，因為，小亞細亞的兩支部落正在戰爭。

猛烈的戰鬥中，大家似乎都遺忘了，一位先知曾經好心的勸阻兩軍交戰，他甚至信誓旦旦的預言，如果雙方執意不肯休戰，天神將會吞噬太陽，對大地做出懲處。

預言成真了！原本光芒四射的烈日，彷彿是被吞噬了一般，太陽不見了，大地也變暗了。

「光天化日忽然變成了昏天黑地，天神保佑，請寬恕我們的罪惡吧！」士兵們惶恐不已，只好伏地祈禱。

這一天，是西元前五八四年五月二十八日的上午。

至於那位善於預言的先知，就是西方歷史上第一個科學家兼哲學家泰利斯，被視為是古典希臘時代最偉大的學者。

泰利斯大約出生在西元前六二〇年，家庭是小亞細亞米利都的一個望族，家族世代經商而致富，所以泰利斯的生長環境優渥，從小接受良好的教育，年長後還可以瀟灑的四處遊走，增廣見聞。

早在泰利斯出生之前，西亞的美索不達米亞平原和非洲的埃及，就有發達的科學知識，包含了天文曆法、幾何算學等等。於是，泰利斯前往西亞的文化古國巴比倫，之後又到埃及，認真學習東方的科學知識，再融入自己的研究。

酷愛思考的泰利斯對幾何學特別有興趣，他利用相似三角形的原理，測量船艦之間的距離，這對於當時在地中海海域進行戰爭的城邦來說，有著關鍵性的影響。

泰利斯到達埃及後，連法老王都聽聞這位來自希臘的智者，所以，法老王對泰利斯提出一道難題：「金字塔的建築和設計，是我埃及的驕傲。但是，工匠們一直量不出古夫王金字塔的確實高度，現在就由你來試

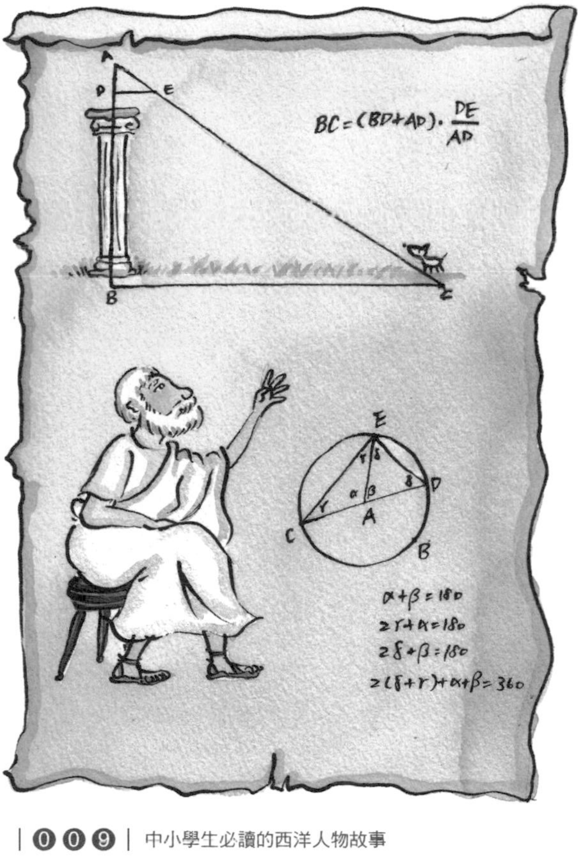

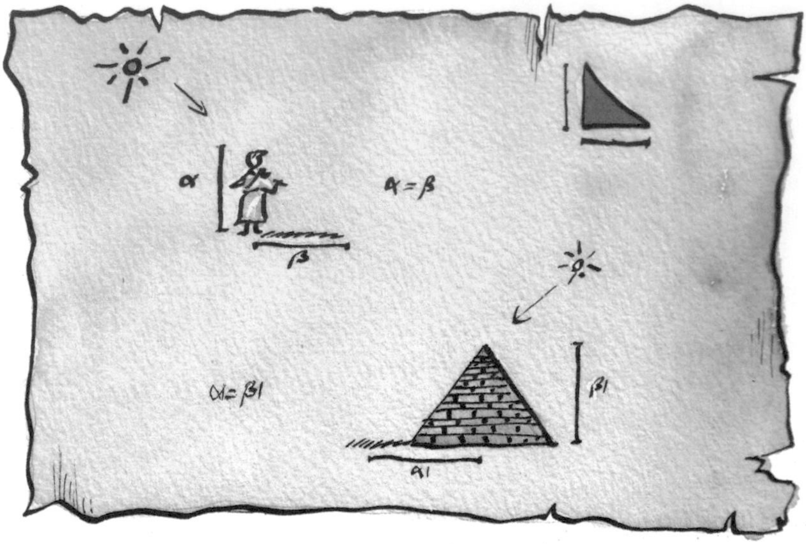

試。」

泰利斯素聞埃及土地測量術的發達，沒想到他們對三角錐形的金字塔竟是束手無策，這下可輪到泰利斯來大顯身手了。

這一天，古夫王金字塔下聚集了許多人，大夥兒都等著看泰利斯的把戲。泰利斯先從人群中挑出一人，吩咐助手：「先測量他的身高，請他站到陽光下，把他的影子長度記錄下來。」

緊接著，每過一段時間，助手就記錄這人的影長變化，直到身高和影長出現相同數字時，泰利斯立刻大叫：「時間到！快把金字塔塔尖投射在地上的影子處做上記號，再測量塔底中心到記號的距離。」助手依指示，測到一四六公尺的數據。

「這就是金字塔的高度。」泰利斯肯定的說。大家都看呆了，只見泰利斯有條不紊的解釋：「當人的身高和影長數字相等時，表示陽光是從四十五度角投射過來，那麼金字塔的高度和塔影長度也相同，所以此時測量塔影長度，就知道金字塔的高度。」

法老王和群眾都被泰利斯深奧的理論弄得迷迷糊糊，不過，眾人都很肯定他的智慧，畢竟他測出了金字塔的高度，解開這千年之謎。至於泰利斯所使用的計算理論，就是相似三角形和等腰直角三角形的道理，這也是幾何學的基礎理論。

經過不斷的研究和實驗，泰利斯歸納出幾項數學理論，例如：圓被任何一條直徑所平分、等腰三角形的兩個底角度數相等、兩條直線相交叉時對應角的大小會相等、相似三角形的對應邊是成比例的。這些理論經過數千年的考證，的確是正確無誤的，泰利斯被視為數學的先驅，應是當之無愧。

當泰利斯暢遊埃及時，感受到尼羅河豐沛的水量，是孕育出輝煌埃及文明的泉源，所以他提出「萬物源於水」的理論，認為水是一切生命的來源，人們所生活的大地是漂浮在水上，如果水發生波動，人們就會感到地震；至於天空，則由稀薄的水氣所形成的蓋子，把大地包含在其中。

泰利斯提出玄妙的邏輯，正是早期哲學思維的雛形，但對一般人來說，卻是無法體會的奧妙，甚至有人譏笑泰利斯：「哲學又不能當飯吃，你應該效法自己的長輩，好好經營家族的事業，不要每天發呆，胡思亂想。」對於這些嘲諷，泰利斯總是一笑置之。

不過，生性幽默的他，正準備開個小玩笑，讓眾人了解，理性思考是有價值的。

泰利斯對天文和氣象也有所專精。經過研究比對，他預測到隔年的橄欖會豐收，於是泰利斯展開計畫中的第一步。因為橄欖還尚未收成，榨油機租金很便宜，他便不動聲色的把城裡的榨油機全都租下來。到了第二年，果真如泰利斯的預估，橄欖真的大豐收。這時大家才驚覺，榨油機全被泰利斯承租了。「這下子，大家必須有求於我了吧！」泰利斯租售榨油機的生意，讓他大賺了一筆。其實，他志不在賺錢，而是要藉此向大家證明：「思考有意義，知識有價值。」

泰利斯所成就的「米利都學派」，是古希臘科學思想的搖籃，教出許多知名學生，畢達哥拉斯就是其中之一。他提出的「畢氏定理」，也稱為「勾股弦定理」，那就是直角三角形兩直角邊的平方和，等於斜邊長度的平方，因此為幾何學的發展奠定基礎。西元前五四六年，泰利斯病逝，他被尊稱為古希臘七賢人之一，正如他墓前的碑文所述：「此處長眠的，是一位智者，他是米利都的驕傲。」

天下一家的

亞歷山大

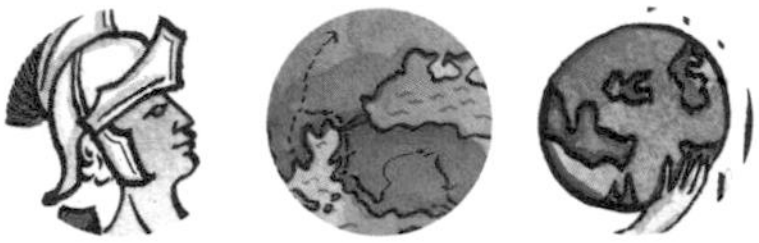

藉著強悍的兵力、高明的政治手腕和天下一家的胸襟氣度，一個雄跨歐亞非三洲的大帝國正逐漸成形。

烈日當空，映照著荒無一物的沙漠，簡直讓人睜不開眼，士兵們強忍飢渴，步履蹣跚的走著，這是西元前三二五年，亞歷山大在滅亡波斯後，再度展開東征。

可是嚮導帶錯路，大軍迷了路，而軍糧、飲水卻留在遙遠的海港邊，這會兒真可說是遠水救不了近火。亞歷山大和士兵們一樣飢渴難耐，但他語氣堅定的表示：「各位！只要我們夠堅強，一定能走出這片沙漠，因為天無絕人之路。」

這時，一個忠心的部將顛顛跛跛的走來，雙手捧著頭盔，將其中所裝的清水呈給亞歷山大：「陛下，士兵們發現一條乾涸的河床，盡力的掘了幾呎深，才挖出這麼一點清水，請您趕快喝了吧！」亞歷山大接過飲水，士兵們眼睜睜的望著這一丁點兒水，原以為亞歷山大會一飲而盡，沒想到，亞歷山大竟把水灑在地上，並朗聲說道：「讓我們福禍與共，共度難關！」

亞歷山大的舉動讓將士們士氣為之大振，高呼萬歲之聲響徹雲霄。這就是亞歷山大，歷史上偉大的軍事家和帝王。

亞歷山大出生於西元前三五六年，是馬其頓君王腓力二世的兒子。

腓力二世勵精圖治，馬其頓的國勢日強，版圖不斷擴張。腓力二世更積極培養兒子，讓亞歷山大從小學習哲學、動植物學、醫學、地理學，並精研文史，亞歷山大從十三歲開始，就跟隨希臘著名的哲學家亞里斯多德學習，十六歲時便隨父出征，儼然已具大將之風。不幸的是，腓力二世在女兒出嫁的婚宴上遇刺身亡，亞歷山大倉促即位，此時他才剛滿二十歲，一些心懷不軌的臣子想要趁勢作亂，許多城邦也開始叛亂謀反，亞歷山大以強悍的兵力和高明的政治手腕，逐一穩定局面，也樹立了個人威權。

兩年後，亞歷山大開始舉兵東征，他率領著三萬多名士兵、百餘艘戰艦，準備和波斯帝國一決勝負；而波斯的君主大流士三世，以六十萬大軍輕鬆應戰。「這個小毛頭不知輕重，讓我來教訓他！」大流士發出輕敵的豪語。

沒想到，亞歷山大的部將個個勇猛善戰，亞歷山大更是身先士卒，和將士們把波斯部隊打得潰不成軍，大流士只好拋下妻女落荒而逃。

「陛下，波斯使者求見，呈遞大流士的降書。」亞歷山大在營中接獲報告。此時，大流士願意割地賠款，並把公主嫁給亞歷山大，以換取一條生路。

「哈哈哈！大流士這種略施小惠的條件，我豈能接受？再說，公主是我的人質，她該嫁給誰是由我決定，而不再是大流士了！」亞歷山大回覆使者。

西元前三三一年的一戰，亞歷山大在美索不達米亞獲得空前勝利，波

斯帝國滅亡，都城被占，消息傳來，亞歷山大營中一片歡呼，只有大流士的女兒斯塔蒂拉公主泣不成聲，並對亞歷山大恨之入骨。但亞歷山大一點也不以為意，反而大膽的向公主求婚。

「休想！我寧死也不嫁這個殺父滅國的仇人。」公主斷然拒絕。可是，亞歷山大接下來的表現卻處處教公主感動不已。

當大流士的遺體運抵軍營時，亞歷山大真誠的為大流士默哀，並脫下自己的戰袍為大流士裹屍，又囑咐部將慎重的規劃國喪，為大流士安排最隆重的喪禮。

大流士三世發喪那天，亞歷山大親自到大流士的墳前致哀，並下令捉拿殺害大流士的叛徒貝蘇。不久，貝蘇被俘，亞歷山大以弒君之罪將貝蘇處以極刑，又要求所有部將護衛大流士陵寢的安全。

「公主，你肯聽我說幾句話嗎？」亞歷山大英挺的站在斯塔蒂拉公主面前，語氣謙和而溫柔。公主放下劍拔弩張的對立氣氛，終於對亞歷山大少了一分敵意，而多了一分敬意。

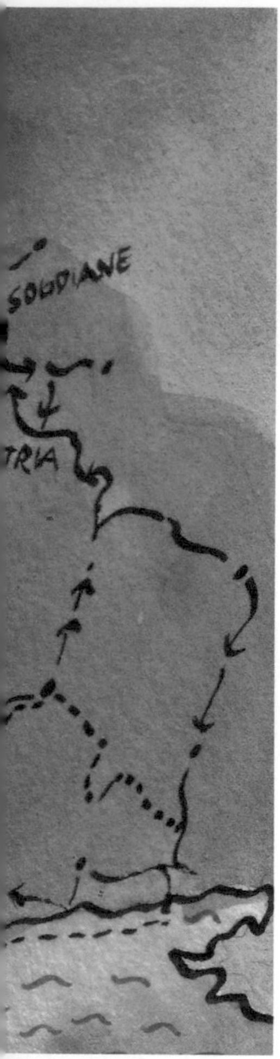

「公主，勝敗乃兵家常事，但唯有消除仇

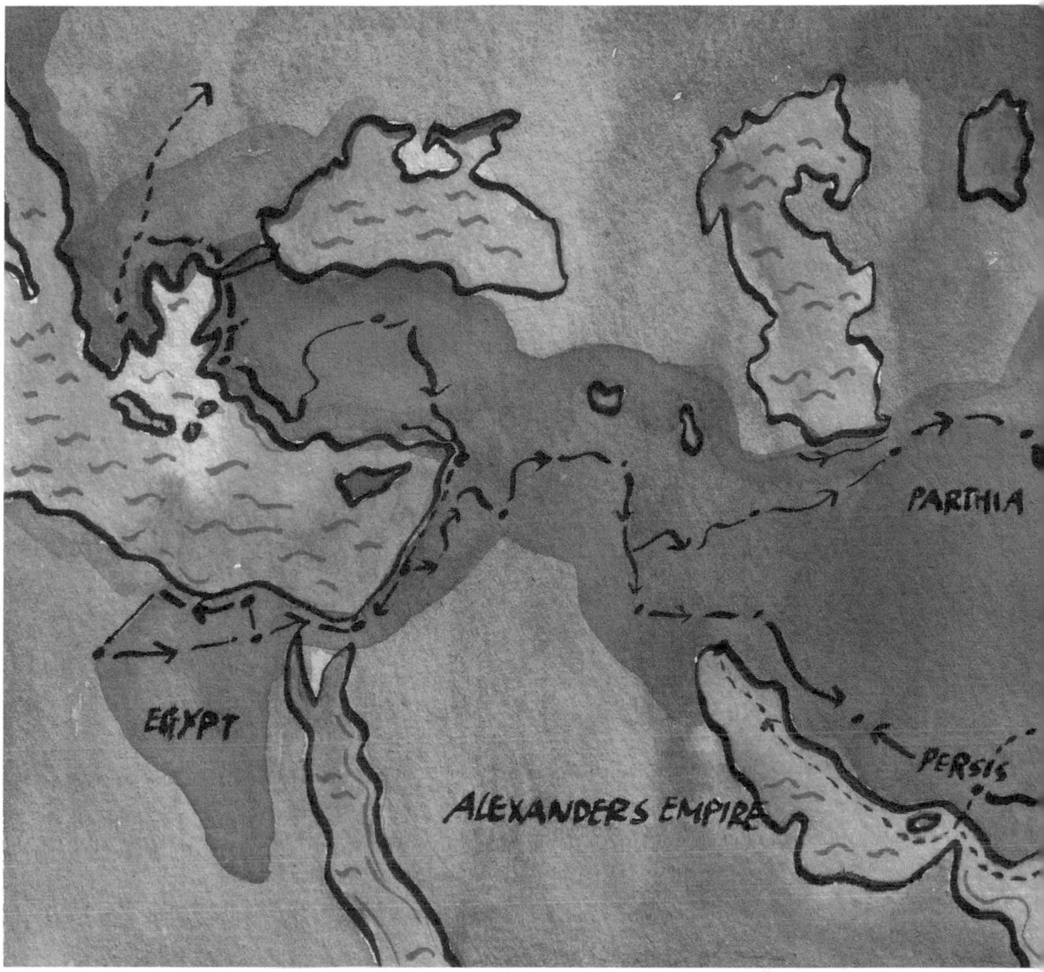

恨，不分彼此，才能創造更美好的未來，而婚姻大事正是促進族群融合團結的最好方法啊！」亞歷山大以「天下一家」的情懷，終於迎娶了斯塔蒂拉公主。新婚燕爾的亞歷山大也希望馬其頓的部將們，能像他一樣破除對波斯的成見和仇恨，和波斯人歡喜成婚。於是，在他的撮合下，一萬名馬其頓士兵娶了波斯女子，軍營裡喜氣洋洋。據說，亞歷山大曾親自主持這場聲勢浩大的集體結婚，並向每對新人獻上他誠心的祝福。

驍勇善戰的亞歷山大以九年的時間，建立起一個西起巴爾幹半島、東至印度河流域、北達裏海、南迄埃及，雄跨歐亞非三洲的大帝國，史上稱為「亞歷山大帝國」，此時他不滿三十，這種功業可說是曠絕古今。他又以「亞歷山大」為名，在疆域內籌建城市，但如今只剩下埃及的亞歷山卓城，其他的各城，都陸續毀於戰火中，令人不勝感慨！

亞歷山大不僅善戰，也精於治國，他勤政愛民，嚴懲貪官污吏以安定民心，還選送三萬名波斯兒童到馬其頓去學習希臘語文，以培育未來的人才；但是，他個性剛烈，不以地跨三洲的大帝國自滿，仍不斷的策劃更偉大的遠征行動。不幸的是，多年的軍旅生涯，影響了他的健康；多次衝鋒陷陣，讓他身上滿是傷痕，最後在西元前三二三年去世，年僅三十三歲。

亞歷山大的豐功偉業受到世人的肯定，而他「天下一家」的胸襟氣度更令人敬佩，他融合了西亞、希臘、埃及三地的文明，成為內涵獨特的「希臘化文化」，對往後歐洲的文化發展產生了深遠的影響。

慈悲為懷的

阿育王

以生命的犧牲換取功業，
難道這就是我的成就嗎？
這種代價有意義嗎？

西元前三二七年，馬其頓的君主亞歷山大揮軍西征，翻山越嶺，攻入印度半島的印度河平原，這是一場艱苦的戰役，馬其頓佔領不少土地，也設官治理當地。但是，五年後當亞歷山大的死訊傳來，印度人立刻揭竿而起，推翻控制他們的官吏，把所有的馬其頓人全部趕走。這次起義行動的指揮，是一名年輕的「剎地利」（貴族之意），他就是印度孔雀王朝的建立者：旃陀羅笈多。

旃陀羅笈多統一印度北部後，繼續向外擴張，他是個用心的軍事家，過去曾經虛心研究亞歷山大的戰術，現在正好派上用場，幾經征戰後，他建立起印度史上的第一個帝國。

旃陀羅笈多去世後兩傳到孫子，他就是孔雀王朝著名的暴君阿育王。

阿育王的個性殘暴，喜歡對外發動戰爭，而且，他習慣以血腥屠殺的方式，作為報復敵人的手段；在對內治理方面，他設立殘酷的刑罰，動不動就是打入大牢聽候審判，人犯在牢獄裡受盡折磨，往往還等不到審判就被凌虐致死，所以，大家都把這座人間煉獄稱為是「阿育王監獄」。

有一天，一個虔誠的佛教徒被送進監獄，獄卒把他丟進熱水鍋，準備把他活活燙死，可是，奇怪的事發生了，不論燃燒多少木柴，這鍋水就是無法煮沸。

「啟奏陛下，水一直燒不開，這……不是小的的錯，還望陛下開恩。」獄卒一想到人犯坐在滾水裡跟泡溫泉一樣，簡直是嚇出一身冷汗，真怕阿育王會一聲令下，把他也給丟進大鍋裡。

看到獄卒渾身顫抖的模樣，再聽到他的報告，阿育王眉頭深鎖，腦海中靈光一現，忽然對佛教產生好奇。「你說的是真的嗎？人犯是佛教徒，他是法力無邊的高僧嗎？」阿育王的心裡彷彿出現一些神秘的聲音。

阿育王竟然對佛教有興趣，而開始研究佛教，從此他像是變了個人似的，廢止各種酷刑，並且修正刑罰，對人犯從輕發落，連恐怖的「阿育王監獄」都廢除了，大家都說：「阿育王變了，果真是佛法無邊啊！」

這時候，阿育王的朝廷正在進行戰爭，必須平定羯陵伽王國的叛亂。阿育王的軍隊一如往昔，對敵人展開毫不留情的屠殺，可是，這一次阿育王的表情和以往大不相同，他看到血流成渠、遍野哀嚎的景象，心裡竟激不起一絲驕傲；再想到數以萬計妻離子散、流離失所的人民，阿育王的心裡空蕩蕩的，竟有說不出的酸楚。

「以生命的犧牲換取功業，難道這就是我的成就嗎？這種代價有意義嗎？」阿育王捫心自問，忽然覺得罪孽深重。這時候，一個部將正好前來稟報軍情：「陛下，我們已經殺死十萬叛軍，另外還有十多萬人被俘，我軍獲得空前勝利，現在請陛下下令，屠殺所有俘虜，以為反叛者的警惕！」

軍隊依循往例，等待阿育王下達「殺無赦」的命令。可是，阿育王凝神注視這群殺氣騰騰的將士們，憐憫之心油然而生，誰又知道這批人什麼時候會成為敵軍的階下囚呢？如果人與人之間只知殺戮而不能相互尊重包容，那將會製造出多少悲劇啊！

阿育王聲音沉重的一字一句吐出：「放了他們！」將士們睜大了眼睛，幾乎不相信自己的耳朵，因為他們不明白，阿育王已經成為一個虔誠慈悲的佛教徒。

人們心目中的暴君阿育王如今徹底改變，他變成一個仁民愛物的君主，他堅持以佛法倫理治國而放棄戰爭、施行仁政、不食肉類，還在各地廣建佛寺，而他所頒布的律法原則，不再以嚴刑重罰為警戒，而是勸人為善，其重點是「減惡行、增善行，慈愛、施予、信實與純潔」。

阿育王甚至不再以狩獵為消遣，他設立禁獵區，保護動物的成長，他還禁止賽馬、鬥牛這些殘忍的比賽；他在各地廣設醫院，為人民和牲畜醫病，還四處掘井種樹，搭蓋涼棚，好讓旅人和動物能在蔭涼下休息，享用飲水，各地受惠的生靈不計其數，儼然具有今日社會福利政策的雛形。而他自己的后妃及王子，則以慈善事業來累積善功，這也是出自阿育王的誘導，正如他刻在石柱上的教化條文所述：「如果失去慈悲與道德，想要在現世或來生活得快樂，那是絕無可能的事，多反省自己的言行思想，是否做到孝順、服從、忠實與友善？才能杜絕污染與罪惡。」

為了闡述佛理、宣揚善念，阿育王在各地豎立起石柱，刻著辭藻優美的哲理，其中最有名的「鹿野苑石柱」，據說正是釋迦摩尼得道後第一次說法的地方。高達十五公尺的石柱上方以獅子作柱頂，代表人中之傑，其下飾以寶輪，象徵佛陀在此地轉動法輪，再以象、馬、牛、獅四獸象徵宇宙四方，直到今日，獅子柱頭仍是印度國徽的代表圖案。

為了推廣佛教，阿育王在帝國境內廣建佛寺，據說，全印度有八千四百多座佛寺是出自他的設計，他又派出使節團向國外佈教，也邀集全印度的高僧，編寫出佛教的經典《三藏》——經藏、論藏和律藏，這是佛教有正式經典的開始，也展開佛教藝術的輝煌階段。佛教更廣及到錫蘭、緬甸、埃及、敘利亞、馬其頓等地，佛教因此大盛而成為世界性的宗教。

阿育王執政三十七年，人們真正享受到安和平靜的日子，但也由於多年來不修軍事，導致軍隊的戰鬥力大不如前。阿育王去世以後，孔雀王朝的聲勢日益衰微，到了西元前一八五年終於滅亡。值得肯定的是阿育王所提出的治國理念：「仁慈、自由、真理和純潔」，這不僅是佛教徒的修為方針，更是每個人的道德規範，以及世人所嚮往的大同世界！

羅馬始皇帝

屋大維

偉大的凱撒因何而死，各位一定十分清楚，我絕不會步上他的後塵，我將以全民福祉作爲努力的目標。

地中海波濤洶湧、狂風呼嘯、巨浪奔騰，卻不敵羅馬和埃及兩軍激戰所發出的陣陣嘶吼聲。這時是西元前三十一年，屋大維率領著羅馬戰艦四百艘，和埃及女王克利奧派特拉的五百艘戰艦，在海上進行生死決鬥。

埃及軍隊的統帥竟是羅馬的統治者安東尼，他正是女王的情夫，一個愛美人不愛江山的軍事將領。不知何故，正當戰況空前緊張時，女王竟揚帆遠去，癡情的安東尼不顧一切，立刻追隨而去，結果安東尼的部下失去鬥志，紛紛向屋大維投降。

戰爭的慘敗讓克利奧派特拉女王成了羅馬的俘虜，不久自我了斷。安東尼也以一死了卻畢生恩怨，把統治羅馬帝國的尊榮，拱手讓給了當時三十三歲的屋大維。

屋大維的母親是凱撒姊姊的女兒。據說在屋大維出生前，母親在太陽神阿波羅的神殿裡睡著了，醒來後發現自己身上多了一個蛇形圖案，十個月後便生下屋大維，因此，屋大維被認為是阿波羅的兒子。

不過，這個身世不凡的孩子，從小卻體弱多病，四歲時又遭喪父之痛，可說是命運多舛；但屋大維的個性堅毅不撓，十七歲時，他開始跟隨凱撒出征，即使在健康不佳的情況下，戰場上只見他指揮若定，展現卓越的大將之風，因此凱撒指定他為繼子，希望他將來能接棒統治羅馬。

但是，了不起的軍事家兼政治家凱撒，卻因為作風太過獨裁，加之以和埃及女王克利奧派特拉糾纏不清的情結，最後竟遭暗殺，當時不滿二十歲的屋大維，立刻從巴爾幹半島趕回，想要控制羅馬政局，施展雄偉的抱負。

「哼！這個乳臭未乾的小子，竟想來插一手，他還差得遠呢！」安東尼冷言說道。跟隨凱撒多年的安東尼，不僅接掌了凱撒的財產和軍隊，還被元老院（相當於國會）推舉為凱撒直接的繼承人；而年輕的屋大維，手上僅握有一支三千人的部隊，屋大維採用精兵政策，以迅雷不及掩耳的手段進攻羅馬，迫使元老院允許他成為羅馬最年輕的執政官。為了減輕安東尼對他的敵視，他和安東尼的女兒訂了婚，又把自己的姊姊，許配給剛遭喪妻之痛的安東尼，希望藉由親上加親的關係，化解雙方的間隙。

儘管屋大維後來又愛上一位出身高貴、美麗賢淑的女子，但對他來說，愛情卻不敵實際的政治利益。然而安東尼就不同了，他被埃及女王克利奧派特拉迷得神魂顛倒。「女王的畫舫，如同一艘在水面上發光的寶座，金碧輝煌的船身，紫色的帆，隨風飄散出醉人的迷香，銀白色的船槳，跟著笛聲的節奏在水波上擺動，而搖槳的都是美若天仙的女奴。」這是英國大文豪莎士比亞，對女王召見安東尼時的描述。

從此，安東尼陶醉在埃及的溫柔鄉，甚至很少踏上羅馬的土地，他幾乎忘了自己是羅馬的統治者。

安東尼本身是個驍勇善戰的將軍，但他愛上凱撒的情婦埃及女王，兩人還結了婚，從此安東尼便忽略羅馬的政事，甚至把替羅馬征討來的領土全都送給女王，這種乖戾的做法，當然引起羅馬人的不滿。

「哈哈！糊塗的安東尼，遲早是我的手下敗將！」屋大維胸有成竹的表示。這就是西元前三十一年，屋大維以正義之師征討安東尼，出發前的豪情壯

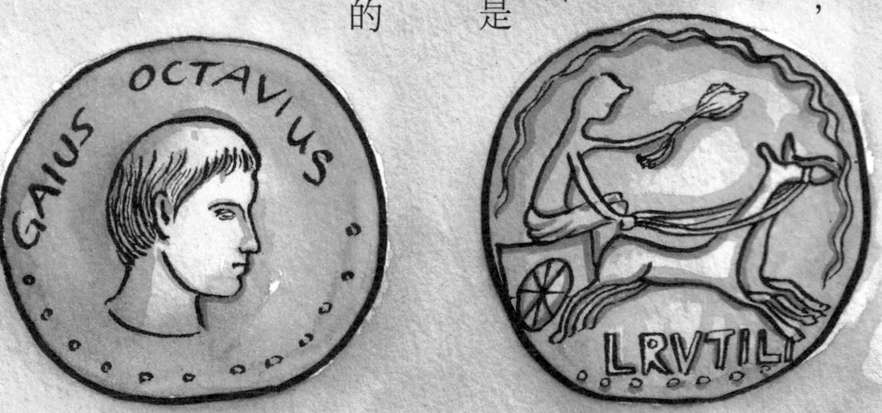

志。

安東尼如女王兵敗自殺，紛紛擾擾的羅馬內戰正式結束，而進入屋大維的統治時期。

西元前二十七年，元老院向屋大維獻上「奧古斯都」的尊號，年僅三十六歲的屋大維，成為羅馬的第一位皇帝。

除了「奧古斯都」代表崇高神聖，元老院還向屋大維獻上「第一公民」和「終身統帥」的頭銜，這兩個拉丁文後來就演變成英文字中的「王子」和「皇帝」，可說是意義深遠。

聰明的屋大維，並沒有被權力沖昏頭，他以「得民心者得天下」為治國原則。首先實施精兵制，加強軍隊的訓練，減少無謂的戰爭；提升士兵忠誠度，避免將帥專權，發生兵變。

「偉大的凱撒因何而死，各位一定十分清楚。我絕不會步上他的後塵，我將以全民

福祉做為努力的目標。」屋大維在元老院大聲宣示。的確，他替每個元老爭取到榮華富貴，不僅在各項職務中獲得高薪，並享有崇高的社會地位，例如觀看表演時，第一排的座位一定保留給元老們使用。

至於廣大的民眾，屋大維也有一套獨特的治理之道。他經常舉辦各種娛樂活動，增加大眾的歡樂，並常以慷慨的賞賜來救濟貧民，安定民心。此外，他經常四處出巡，並鼓勵民眾，如果有官員危害地方，可以直接向他報告，他一定嚴格懲處。

後來，屋大維的體力日衰，仍多次由部下抬著床，讓他躺著出巡各地，這種親民負責的作風，贏得萬民擁戴。但是，屋大維卻不因此而驕橫自大，他不准人民幫他立像膜拜，不喜歡群眾向他歡呼致敬，他甚至常選在深夜進出羅馬城，以免因為繁瑣的儀式而打擾大家。

在日常生活方面，屋大維的住家樸素簡單，身上所穿的服裝都是由妻女縫製，以避免造成奢華的風氣。他也不喜歡歌功頌德的文字，卻鼓勵大家可以因為真理而與他激辯。屋大維誠懇踏實的態度，樹立了真正的威信，他發自內心的誠摯，在他臨終前的遺言中表露無遺：「各位如果認為我的角色扮演得還算稱職，現在請鼓掌，把我送離人生舞台吧！」西元十四年，屋大維病逝，享年七十七歲。

哲學家皇帝

奧里略

吃飯睡覺的目的是爲了維持生命，有得吃、有得睡就已經很好了，何必在乎感官的享受呢？

羅馬的第一位皇帝屋大維在西元十四年去世後，由於膝下無子，帝位只好由女婿繼承。往後的五十年間，羅馬的統治者都出自屋大維家族，他們都能維持屋大維奠定的局面，直到暴君尼祿繼任，在羅馬歷史上留下極不光彩的一頁。

尼祿的個性殘暴乖張，曾經犯下殺母弒弟的罪行而面不改色，他統治期間無所作為，卻想要名留青史，尼祿終於想出一個偉大的計畫：「我要重建羅馬城，讓它美輪美奐而永垂不朽。」可是，建設之前必先破壞，面對需要拆遷的舊社區、雜亂的貧民窟，尼祿實在不耐久等，他一把火便可解決所有的問題，這就是歷史上有名的「暴君焚城錄」。

大火帶來難以估計的損失，尼祿卻諉過於基督徒，模糊眾人的焦點，而將基督徒視為罪魁禍首。此時的基督教尚未取得合法地位，不只是耶穌被釘死在十字架上，基督徒慘遭迫害的例子比比皆是，尼祿的暴行僅是其中之一。不過，這個暴君終究沒有好下場，各地駐軍起兵叛變，主政的「元老院」正式宣布尼祿是為「公共敵人」，眾叛親離下逼得他走上自殺一途。

尼祿之後的百餘年間，是羅馬歷史上的「五賢君」時代，他們是尼爾瓦、圖拉真、哈德良、安多民和奧里略。「五賢君」不僅將國家治理得繁榮強盛，更可貴的是他們都有寬大的情懷，希望傳位於賢而不是傳位於子，例如安多民在執政的晚年，就看中「元老院」議員奧里略的才華而將他收為義子，積極培養他成為接班人。當安多民在一六一年病逝時，奧里略順理成章的繼任為帝，避免了政治上的紛擾，這就是國家社稷之福。

奧里略從小就喜歡研究哲學，深受斯多噶學派的影響，以刻苦自勵、服務人群為終生目

標，他不喜歡戰爭，認為戰爭只會鑄成悲劇，萬一不幸真的要作戰，奧里略則是親自披掛上陣激勵士氣，還大方的捐出個人財物籌措軍費，因為，在斯多噶學派的主張裡，錢財根本就是身外之物。

斯多噶學派的代表人物是古希臘哲人芝諾，他認為一個人要活得自在，唯一的辦法就是清心寡慾。如果不放縱自己的慾望，達到知足常樂、隨遇而安的境界，就可以心平氣和的過日子，不會因為一些瑣事而感到煩心。奧里略非常同意這些論點，即使貴為皇帝，他還是過著簡單樸素的生活，例如他每天都只取用一些粗茶淡飯，還放著舒適的床鋪不睡，反而睡在地板上，奧里略經常告訴大臣：「吃飯睡覺的目的是為了維持生命，有得吃、有得睡就已

經很好了，何必在乎感官的享受呢？怎麼吃睡還不是都一樣啊！」

大臣聽到奧里略的解說都覺得佩服極了，大家紛紛點頭稱是。奧里略十分高興，接著又說：「想必大家都同意我的做法，那就讓我們一起來努力吧！」這時候，只見大臣面面相覷、唯唯應諾而不敢接口，畢竟不是每個人都可以像奧里略這樣，可是奧里略並不灰心，他苦口婆心的勸導，於是他得到「哲學家皇帝」這個稱謂。

奧里略真的希望每個人都像他一樣。「也許他們現在做不到，但我相信總有一天他們會明白的。」所以，奧里略把心裡所想的哲理都寫下來，稱為《養心錄》，這些文章不僅具有教育意義，而且用辭遣字優美，可見奧里略真是一個學富五車的皇帝。

當羅馬帝國雄霸歐洲時，亞洲的漢帝國也十分輝煌，漢武帝時候的張騫歷經千辛萬苦，開通了自長安出發，經敦煌、西域而達羅馬的道路「絲路」，這是當時世界上最長的一條交通路線。

往來於「絲路」上的商旅、戰士和僧眾風塵僕僕的奔走，他們達成自己肩負的使命，也促進東西雙方的文化交流，正如唐代詩人張籍所述「無數鈴聲遙過磧，應馱白練到西安」。根據《後漢書－西域傳》的記載，「大秦王安敦」曾在東漢桓帝時遣使來華，並攜帶禮物呈給中國皇帝，這位「安敦」即有可能就是奧里略；也有人說那些使者其實並不是奧里略所派，而是「絲路」沿途的商旅冒充的。不論如何，奧里略時代的東西交通往來非常發達，這已是不爭的事實。

看似謙遜慈悲的奧里略也有讓人意想不到的一面，那就是他對基督徒的態度嚴苛，甚至加以迫害，因為基督徒謹守教義而不肯向皇帝塑像膜拜，被視為是對帝國不忠，也就是羅馬的背叛者，理當受到嚴厲的懲處，所以，奧里略時代的基督徒境遇悽慘，殉道者不計其數，一直要等到君士坦丁大帝繼任之後，在西元三一三年正式承認基督教是合法宗教，基督徒終於免受迫害之苦；數十年之後的狄奧多西更進一步將基督教定為國教，基督教終於成為主導歷史的一部分。

「哲學家皇帝」奧里略在人民心目中是個明君，正因為這份愛戴，所以當奧里略死後，大家決定擁立他的兒子康莫多繼任為帝，沒想到在父親悉心調教下的康莫多，竟是個只知吃喝玩樂的人，他的荒唐行徑和父親實在是差太多了，大家聚在一起竊竊私語：「陛下昨天為了貪享美食，吃到最後竟脹得吐了出來。」「陛下運動細胞發達，只會邀一些勇士舉行角力大賽，卻放著軍隊不去關心。」「陛下何曾重視過軍隊？他自己一上戰場就嚇得抱頭鼠竄，比起先王真是天壤之別！」康莫多讓祖先為之蒙羞，最後竟被部將所殺，奧里略若是地下有知，可能會死不瞑目吧！

鐵漢柔情的

查士丁尼

立志恢復古羅馬光榮，
重振羅馬帝國的聲威，
成爲東羅馬帝國最偉大的君主。

驍勇善戰的查士丁馳騁沙場，身為東羅馬帝國的統治者，他有責任為國家開疆擴土，爭取榮耀。不過，行伍出身的查士丁目不識丁，他以戰場為家，從未受過正規教育，所以，當他治國處事時，難免感到力不從心而有所遺憾，於是，他把希望全寄託在姪兒查士丁尼的身上。

查士丁尼出身於一個平凡的農家，因為查士丁已經升任為禁衛軍統領，又在五一八年被擁立為東羅馬帝國的皇帝，所以，查士丁尼就跟在叔叔身邊，由叔叔將他扶養長大。「叔叔的功勳顯赫，你跟著他才會有出息啊！」查士丁尼的家人說道。

跟著叔叔南征北討的奔波，查士丁尼對於廝殺的血腥場面，早已經是司空見慣。在叔叔嚴格的軍事教育下，查士丁尼的個性剛毅固執，且能吃苦耐勞。因為叔叔對他寄予厚望，所以將他送到當時最繁榮的城市君士坦丁堡，接受完善的教育，到了西元五二七年查士丁去世，查士丁尼便成為東羅馬帝國的統治者。

查士丁尼甫才上任，立刻展現出治理國家的睿智，在剛柔並濟的政策中，彌補了過去查士丁只知征戰而不善理政的缺失。不過，查士丁尼的個性的確非常嚴肅，他喜歡研究神學，對任何享樂都毫無興趣，大臣向他面奏事宜時，經常是戰戰兢兢的，而且，大家還曾經為了查士丁尼的婚姻大事，弄得是僵持不下。

四十多歲的查士丁尼未曾接近女色，卻忽然愛上一名歌劇場的演員，甚至還論及婚嫁。

「帝國境內的名媛佳麗不乏其數，不知您為何獨鍾狄奧多拉？」「是啊！狄奧多拉出身寒微，只是一名演員，將來能有一國之后的風範嗎？」「您要三思啊！這件事不僅關係到您的終身幸福，更是內政大事，這國母之尊的榮耀不可不慎。」這些年高位長的老臣們七嘴八舌的勸諫，讓查士丁尼好不心煩。「夠了！這是我的人生抉擇，不勞各位費心。」查士丁尼獨排眾議，堅持自己的選擇。

事實證明，查士丁尼的堅持是對的。狄奧多拉自五二三年和查士丁尼結婚以來，在各方面的表現都非常稱職，她有過人的智慧，每到關鍵時刻，便是查士丁尼最得力的助手；狄奧多拉的溫柔與深情，更滋潤了查士丁尼孤寂的心靈，讓從小便接受斯巴達式教育的查士丁尼，終於享受到家庭的溫暖，陶醉在溫馨幸福的情境中。

統治一個地跨三洲的大帝國，畢竟不是一件容易的事，西元五三二年的一場暴動，連首都君士坦丁堡都難以倖免，亂民充斥街道，甚至包圍皇宮，查士丁尼目睹亂象，不禁悲從中來：「天啊！我是如此盡心盡力的為了國家，為什麼還有人要反對我？」

「陛下，您應

該振作起來，率軍消滅亂黨，絕不可以輕易屈服，即使要犧牲……」狄奧多拉頓了一下，接著說：「我願看到我的夫君披著皇袍戰死沙場，至終享有崇高無上的帝王尊榮！」

狄奧多拉慷慨激昂的一番話，激勵了查士丁尼的鬥志，他收拾起沮喪，立刻率軍鎮壓暴亂，穩定了政局，也恢復往日的

繁榮。

查士丁尼不僅是個傑出的軍事家，也是個懂得藝術創作的建築師，他撥下三十二萬磅的黃金，指定最有名的建築師，以一天一萬名工作人員的陣容，花了近六年的時間，興建了聖索菲亞大教堂。

這座圓頂設計的大教堂，高約五十四公尺，圓頂直徑三十二公尺，由四根大柱支撐，內部的薄片大理石可以反射數千支的燭光，顯得富麗堂皇又氣勢磅礴，設計師還用馬賽克拼飾了「鑲嵌畫」，更是東羅馬帝國最具代表的藝術精品。

查士丁尼滿意極了，望著內部金銀寶石的裝飾、垂吊的銀造吊燈、玻璃彩窗上鑲嵌的圖案，簡直讓人目不暇給。隨著時代變遷而物換星移，聖索菲亞大教堂後來成為回教的殿堂，清亮的琉璃瓦圓頂在陽光映照下閃閃動人，而有「藍色清真寺」的美譽，成為今天君士坦丁堡（現名伊斯坦堡）的著名地標。

建築之外，查士丁尼對法律也有所涉獵，在皇后狄奧多拉的號召下，一群法學專家著手蒐集，將羅馬帝國百年來的律法條文逐一整理，編纂完成多達四千六百多條的《查士丁尼法典》。「陛下，法典的編寫工作幾近完成，但我認為這樣是不夠的。」思慮周密的狄奧多拉提出見解。

「你的意思是我們還缺少些什麼嗎？」「沒錯，因為千古以來的冤獄奇案實在太多了，我們應該加以組編，讓日後的法學專家們能有所依循，說不定還可以給人們一些靈感，增加破案的機率呢！」「嗯！這的確是個好主意。」在查士丁尼的指示下，《法學摘要》和《法學原理》這兩部補充書籍便這麼誕生了，正可以作為司法從業人員的參考之用。由於《查士丁尼法典》的內容巨細靡遺，為日後的法學研究奠定起良好的基礎，也被視為歐洲歷史上系統最完整的法典。

查士丁尼立志恢復古羅馬光榮，無數的征戰讓蠻族兵敗如山倒，因而奪回不少失地，重振羅馬帝國的聲威，查士丁尼輝煌的成就，讓他成為東羅馬帝國最偉大的君主。可惜的是，當狄奧多拉去世以後，查士丁尼哀傷之餘，似乎也失去奮鬥的目標而變得委靡頹廢，他終日埋首於神學研究，不再積極的關心國事，甚至很少接見大臣，如此一來，帝國的榮光很快就褪色了。查士丁尼在西元五六五年去世，由於繼位者缺乏雄才大略的統馭智能，東羅馬帝國日趨衰落而一蹶不振！

情訂此生的

穆罕默德

某一天，他竟然看見眞神阿拉的神蹟，
眞神指示他必須創立新的教派，
以積極作爲振興阿拉伯民族。

狂風掀起陣陣塵土飛揚，加之以刺目的陽光耀眼，在這一望無垠的沙漠中，可說是危機四伏，讓人有著生死未卜的恐懼！

大約是西元五七〇年，穆罕默德出生在阿拉伯的麥加，他的誕生並未給家人帶來喜悅，反而惹得母親嚶嚶啜泣：「可憐的孩子啊！你的父親已經不在人世了。」穆罕默德的父親是個行走於沙漠間的小商人，他在婚後三天辭別了妻子，跟著駱駝商隊出外謀生，沒想到這一別竟是永別，他在人跡荒僻處遇劫身亡，未留下隻字片語。

對當時的阿拉伯社會來說，類似這般遭遇的人還真不少，因為，沙漠裡暗藏危機，而阿拉伯人的個性剽悍，部落間私戰頻仍，可說是個毫無秩序的世界，因此人民生活在驚恐困苦中，好不容易求得溫飽已是萬幸，大家根本不敢遙想未來。

穆罕默德幼年的日子過得艱辛，好在還有母親的呵護；可是他六歲那年，母親生了重病卻沒錢醫治，不久便過世了。穆罕默德成了真正的孤兒，只好投靠到叔叔家，幫忙做些放牧打雜的工作。

穆罕默德暫時有了棲身之地而不必流落街頭，也算是不幸中的大幸。不過，叔叔的經濟條件並不充裕，供給穆罕默德的衣食所需還沒問題，若是論及教育，那可就做不到了。好在穆罕默德資質聰慧，他靠著觀察與思考，也明白了不少道理。

十多年過去了，穆罕默德成了一個身材高大、體態英挺的少年，他不好意思再賴在叔叔家裡白吃白住，況且，穆罕默德自己也想出去闖蕩一番，看看外面的世界。於是，穆罕默德開始在麥加城裡找頭路，由於他沒受過教育，適合的機會並不多。

這時候，一個有錢的富商正急著找人幫她管理駱駝商隊，穆罕默德立刻前往應試。老闆看中穆罕默德的年輕力壯，帶領商隊出外倒是十分安全，便錄用了穆罕默德。此後，穆罕默德便留在老闆家，盡心盡力的工作。

隨著時光流逝，穆罕默德的工作能力受到肯定，老闆喀狄雅是個事業有成的寡婦，她比穆罕默德年長十五歲，可說是見多識廣，但由於身邊一直缺乏得力的助手，讓她頗有難以發揮之憾。

「年輕人，我看你辦事認真負責，的確是個人才，只不過……」喀狄雅欲言又止。她心裡想到的是，因為穆罕默德沒有受過教育，處理很多事情上大為受限，這真是十分可惜的事。

穆罕默德踏實誠懇的工作態度，讓喀狄雅十分放心，兩人由工作上的依賴扶持，進而衍生出男女之間的愛情，甚至萌生結婚的念頭。

「這樣合適嗎？她比你年長，社會地位又比你高，你們會幸福嗎？」「她已經兩度守寡了，你要不要再考慮一下？」眾親友的議論紛紛，穆罕默德卻不為所動，他堅持這段感情而和喀狄雅完婚，在往後二十多年的婚姻生活裡，

事實證明一切，兩人不僅感情彌堅，而且，喀狄雅更是一個善解人意的好妻子。

有了妻子的協助，穆罕默德不必再汲汲營營的辛苦謀生，他有較多的時間沉思冥想，喀狄雅一心培育夫婿，讓他專心接受教育。穆罕默德開始對宇宙、人生、民族前途等相關問題加以深思；直到西元六一〇年的某一天，他竟然在山洞中看見真神阿拉的神蹟，真神指示他必須創立新的教派，以積極作為振興阿拉伯民族。

穆罕默德的創教理念中，採取了舊有基督教和猶太教的精華，並根據當時阿拉伯人的需要，凝聚出一種新的宗教架構，後人將其稱為「伊斯蘭教」或「回教」。

「既然你得到真神指示成為先知，就應該佈道傳教啊！」在喀狄雅的鼓勵下，穆罕默德從西元六一二年開始傳教，要求信徒放棄過去的多神崇拜，只遵奉真神阿拉，並努力革除舊有的積習，例如酗酒、鬥毆、殺害女嬰等等。許多人在穆罕默德的精神感召下，紛紛成為回教的信徒。

隨著穆罕默德的名聲漸響，引來麥加城統治者的嫉妒，因為城內的喀巴寺裡供奉著一個黑色隕石和三百多座神像，受到各個部落的膜拜；現在穆罕默德提出一神的主張，立即遭到眾人的反對而被追殺。

穆罕默德在西元六二二年率領支持者逃往麥地那，回教徒為了紀念此一「出走」事件，便將這年定為回曆紀元的開端。而穆罕默德靠著堅強的理念，不僅凝聚起阿拉伯人的團結，也使信徒日益增加，西元六三〇年他率眾重返麥加，將喀巴寺裡的神像全數清除，只保留了黑色隕石，此後，麥加便成為回教的聖城，每個信徒一生之中一定要親自前往膜拜，時至今日，麥加城依然有著萬頭攢動的盛大場面。

由於「伊斯蘭」這個字的本意就是服從，所以回教徒非常虔誠的謹遵教規，每天向麥加的方向伏地祈禱五次，慷慨佈施救濟貧苦，一年中還有一個月是日出不食的齋戒月，以結餘糧食救助窮人。此外，回教徒不吃豬、狗等不潔的食物，不飲酒、不竊盜姦淫、不崇拜偶像，更要寬恕待人。因此，回教的教規雖多，卻像是阿拉伯人的新生活運動，讓他們由原來蠻橫無禮的特性，轉而有為有守，並且一致團結對外，以「聖戰」的勇猛之姿建立起橫跨歐亞非三洲的大帝國。

穆罕默德的妻子喀狄雅雖然早在西元六一九年就去世了，不及見到丈夫的成就，但是當穆罕默德在西元六三二年逝世時，回教的發展已經十分壯大，信徒們並將穆罕默德平日的說教集結成書，成為回教的經典《古蘭經》。今天回教是世界三大宗教之一，回溯這荒漠裡的一段真愛，竟是如此淒美永恆……。

王者天下的

查理曼大帝

我們要建立比羅馬更輝煌的功業，
讓人不再輕視我們，
因爲法蘭克人絕不是野蠻民族！

「嗚！嗚！」的號角聲響起，萬馬奔騰夾雜著嘶吼，從遠方排山倒海而來，村民們扶老攜幼的進入城堡避難，驚惶的神色顯出心裡的不安：「蠻族又要進攻了，這永無安寧的日子要何時才了啊！」

自從西元四七六年日耳曼人滅亡西羅馬帝國以後，歐洲便形成無政府、無秩序的狀態。各地戰爭頻仍、人口銳減、學術低落、文化也遭到破壞，歷史稱之為「黑暗時代」，期間唯有查理曼所統轄的法蘭克是一例外。

西元七四二年出生的查理曼，是日耳曼蠻族中法蘭克人的後裔，世居在萊茵河流域。五世紀時的統治者克洛維精明幹練，建立起疆域遼闊的「法蘭克王國」，又稱為「法蘭西亞」，也就是今天法國國名的由來。

由於克洛維的妻子篤信基督教，使他也接受宗教的洗禮，而放棄蠻族原來的信仰。如此一來，法蘭克人改信基督教者日眾，還和羅馬教宗互相結合，這在「黑暗時代」是極為特殊的現象。

不過，克洛維死後的法蘭克曾經一度衰弱，政權被勢力最強的貴族控制，查理曼的父親丕平，就是一個身材矮小、卻有著雄心壯志的厲害人物。

丕平的父親綽號「大鐵鎚」，是個驍勇善戰的典型軍人，已經在法蘭克贏得人望，現在丕平更精於權謀，他在七五一年篡位自立，建立了「加洛林王朝」。

查理曼從小目睹祖父和父親的豐功偉業，他培養起堅定的信念：「我一定要締造另一番成就，絕不能讓祖先蒙羞。」在父親嚴格的軍事教育下，查理曼擅長領軍作戰，他不畏危險艱困，總能身先士卒以為表率，加之以查理曼英俊挺拔的儀表，讓丕平真的是與有榮焉：

「這個孩子的成就勢必會超越我，我要好好教育他。」

丕平和羅馬教宗一直維持不錯的關係，這一年，由於丕平出兵替教宗弭平一場動亂，教宗親自來到法蘭克，為丕平的兩個兒子舉行塗油祝聖的儀式。「孩子們，有了教宗的庇護，就表示你們獲得上帝特別的榮寵，任何人都不能侵犯你們了。」丕平得意的對兒子說道。年僅十二的查理曼雖然不能明白其中的奧妙，但他深深覺得責任重大，因為自己是不同於常人的。

西元七六八年丕平去世，國土分成兩部分，先由查理曼和弟弟分開繼承，不多久弟弟也死了，查理曼便統領了整個法蘭克王國，從此展開南征北討的軍旅生涯。

不同於一般粗暴蠻橫的軍人，查理曼有著細膩體貼的一面，他深深了解將士們在外征戰的辛苦，所以，他經常鼓勵部下：「我們要建立比羅馬更輝煌的功業，讓人不再輕視我們，因為法蘭克人絕不是野蠻民族！」

查理曼也關心軍人的生活起居，對於出發征戰的將士們，他總是殷切叮囑：「羅蘭將軍，這次前往西班牙，可說是項艱鉅的任務，我們一連攻打了七年，他們終於棄甲投降，你去接受降書，一定要特別留意，萬一其中有詐，你就用力吹響這支號角，我一定立刻派兵支援。」查理曼拿出一支精緻的號角，謹慎的交給羅蘭將軍，並祝福大家能迅速凱旋歸來。

這一天，正當查理曼和大臣在商討國事時，查理曼忽然屏氣凝神的不發一語，然後緊張兮兮的說：「你們聽到號角聲了嗎？」大臣們面面相覷，不知道查理曼為什麼這麼說。

「陛下，也許是因為您太關心羅蘭將軍的安危了，所以一直掛念著他。」「是啊！我們都沒聽到什麼動靜，也許是風聲吧！」大家紛紛勸慰查理曼，希望他放寬心，不要過度憂慮。「好吧！但願一切平安無事。」查理曼幽幽說道。

可是，羅蘭將軍的隊伍像是斷線的風箏，竟沒有任何消息傳回來，隨著時間的消逝，查理曼越來越不放心，這時候，大家有了不祥的預感。

查理曼決定親自率軍前去一探究竟。正當大軍來到一座荒僻的山谷，突然一陣飛砂走石，吹得查理曼連眼睛都睜不開了。「陛下，先到石壁後面避避風吧！」

當查理曼掉轉馬頭，奔向另一條岔路時，卻在石壁後面，看見羅蘭將軍等人，他們全軍覆沒早已氣絕多時。

「將軍！」查理曼縱身下馬，奔過去抱起羅蘭將軍，看見他的雙手仍然緊握著號角，不禁難過的流下眼淚：「你我心電感應，號角聲把我召來，沒想到我還是來晚了。」

一旁的人看到查理曼竟是如此的真情流露，都忍不住濕了眼眶。

查理曼親率大軍討伐西班牙，為羅蘭將軍報仇，全國軍民對他更加忠誠，因為，查理曼這種愛民如子的情操，在一般蠻族君王中可真不多見呢！

查理曼是個虔誠的基督徒，他以宗教教化人民，增加社會的祥和。此外，他還大力提倡教育文化，在帝國境內廣設學校，普及人民的受教機會，而他自己更是勤奮向學；但是，面對處理不完的國家大事，查理曼覺得時間總是不夠支配，所以，他利用吃飯的時候，叫大臣在一旁念書給他聽。「你一邊念、我一邊聽、一邊記，這樣才不會浪費時間。」每晚入睡之前，他必定閱讀書籍、練習寫作，以增強自己的文化內涵。

查理曼的努力是有目共睹的，連羅馬教宗都對他讚許不已：「查理曼用宗教和文化來教育民眾，穩定社會，重建秩序，真是一位難得的君主啊！」就在西元八〇〇年的聖誕夜，查理曼一如往常，參加教堂的彌撒，悠揚的聖歌和樂聲，讓查理曼閉上眼睛，沉澱了心靈而虔誠祝禱。這時候，音樂突然中止，一切儀式暫停，查理曼睜開雙眼錯愕不已：「發生什麼事了嗎？」

只見教宗利奧三世緩步走出，面帶微笑的凝視著查理曼，然後將一頂皇冠戴在查理曼的頭上，四周立刻歡聲雷動，眾人高呼：「查理曼大帝萬歲！」

「現在你是羅馬帝國的繼承者，是羅馬人的皇帝，再也不是野蠻民族了。」教宗賜予的殊榮，讓查理曼感動落淚。這是歷史上首次出現由教宗為國王加冕的殊榮，往後歐洲國王即位時，都必須由教宗或指定代理人舉行加冕典禮，因而形成特殊的傳統。

查理曼執政四十六年，歷經戰役五十多次，建立起一個大帝國，更因為提倡教育文化而被尊稱是「文明的啟導者」，他所引領的學術研究風氣，還贏得「加洛林時代文藝復興」的美譽，這正是歐洲逐漸脫離「黑暗時代」的明證。

約翰王
與大憲章

除非經過合法的審判程序，國王不得任意逮捕或拘禁人民，而司法裁判必須公正，以維護基本人權。

電影裡的「俠盜羅賓漢」是個身手敏捷又有正義感的人，他神出鬼沒，喜歡劫富濟貧，常以幽默感化解危機，據說他是英國國王約翰在位時的傳奇人物。

但約翰王又是個怎麼樣的國王呢？他所簽訂的「大憲章」，成為日後憲法的雛形，更是其他國家建立民主政治的典範。

一一九九年，「獅心王理查」死在行軍途中，由於他沒有兒子，便由三十三歲的弟弟繼承王位，他就是「約翰王」。

理查所以會被稱為「獅心王」，是因為他在十字軍東征期間的英勇表現，在他擔任英國國王的十年裡，他把大部分時間都花在戰場上。因為唯有衝鋒陷陣的軍事行動，才凸顯出理查的英勇和才能，若只論他在戰場上的表現，理查還真不愧是個英雄，甚至連對手回教徒的領袖薩拉丁也對他敬畏不已。

有一次，理查臥病在床，薩拉丁不僅派了名醫前來為理查診治，還致贈美果補品為理查調養，兩人能在兵戎相見之外保持情誼，因而傳為佳話。

獅心王理查驍勇善戰卻又冷酷無情，他曾經收復了基督教的聖地：耶路撒冷，對兩千多名回教徒大開殺戒；但是對英國人來說，具有一半法國血統的理查身為英王，卻不會說英語，也不曾真心為英國盡過力，真是一件不太合情理的事。

「國王陛下就任以來只在國內停留七個月，他根本不關心英國人民，他所重視的只是如何在這裡徵稅！」英國人民心有不甘的抱怨連連。

事實上，理查不只巧立各種名目增加稅收，以應付龐大的軍費開支，甚至當他兵敗被俘時，還強迫貴族們為他籌募巨額的基金，把他從敵營中贖回來，所以英國人不分上下，對這個好戰的「獅心王理查」可真是沒有一絲好印象，而當理查死後，竟選擇埋葬在法國，更是讓英國人傷透了心！

成為國王之前的約翰王子，很重視生活品味，不但衣著華麗，舉止優雅，喜歡舉辦宴會和出外狩獵，而且要求生活四周必須一塵不染，他自己則是一遍又一遍的洗澡，以保持迷人的魅力，所以伺候這位王子殿下，可真是件不容易的事呢！

西元一一九九年，當約翰接任英國國王之後，才發現哥哥理查留給他的是一個近乎

JOHN OF ENGLAND SIGNING MAGNA CARTA LIBERTATUM IN 1215

破產、貴族處處和王室作對、百姓怨聲載道的國家。「這下可好！我當上國王，日子卻不如以前快樂。」約翰不由得大發牢騷。

從小養尊處優的約翰，決定要強化國王的權力，他首先操縱介入地方教會的教士選舉事務，派自己的親信出任地方主教，藉此干預羅馬教宗的影響力。

「我是國王，所有人都由我管轄，即使是教士們，也該歸我所管，哪輪得到遠在羅馬的教宗呢？」約翰公然和教廷作對，並挑戰教宗的地位，引起軒然大波。

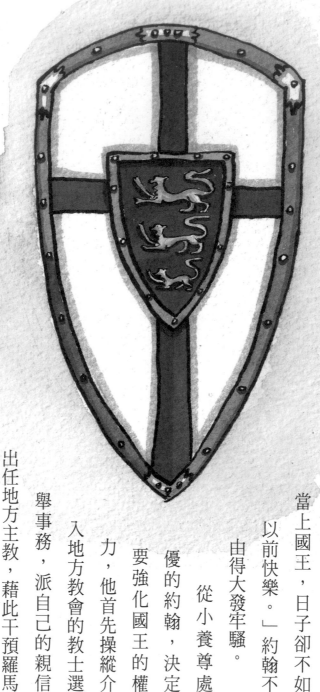

因為在中古時代的歐洲，人人都得臣服於教會的領導，教宗的威權是神聖不可侵犯的，即使貴為國王，也必須對教宗必恭必敬。在一連串的政教衝突中，約翰竟被教宗下令逐出教會，約翰和教宗間的威權之爭，結局卻是顏面盡失；為了要重新樹立王權，約翰這次把目標轉移到貴族。

「這些人整天無所事事，他們為什麼如此享福啊？」約翰把貴族們視為眼中釘，他決定提高貴族稅收，不僅能抑制貴族的氣焰，而且還可解決國內的財政赤字。

約翰的做法引起貴族的反彈，大家對約翰群起攻之，抨擊他不理朝政、生活奢侈，雙方的衝突如火如荼。貴族們覺得約翰一無是處，而「俠盜羅賓漢」劫富濟貧、伸張正義的故事，也就在此時被人們口耳流傳。

由於貴族們對約翰忍無可忍，國內又爆發了一連串的內戰，約翰在一二一五年被貴族圍剿，甚至被教宗下令停止王權。五月間倫敦被貴族占領，一個月後，約翰被迫簽署了由貴族們草擬的「大憲章」。

「大憲章」以尊重自由的理念，首先約束了王權的過度擴張，這個由二十五位貴族所組成的委員會，並不只是針對約翰王，他們想徹底的扭轉無所不在的皇室威權，以建立法治的國家。

以後，除非經過合法的審判程序，國王不得任意逮捕或拘禁人民，而司法裁判必須公正，以維護基本人權。「大憲章」賦予英國教會自主權，國王不能任意干預宗教事務；又以法律規範了國王和臣屬間的權力及義務，以減少不必要的爭端。「大憲章」也規定國王身邊的人不能狐假虎威，危害人民；而且此後國王不得任意徵稅，除非透過各城市的市議會同意，人民終於免除了苛捐雜稅的騷擾。

「大憲章」可說是樹立民主法治的典範，也為英國君主立憲制度奠定了長治久安的基礎。雖然當時的「大憲章」還不夠完善，在往後的數十年之間不斷的修訂；但是不可諱言，這部「大憲章」的確是英國民主政體發展過程中的重要里程碑。後世史家研究英國歷史時，試著以不同的史觀評論約翰王，他們發現約翰王在一二一六年去世，將近二十年在位期間，並非如傳說中的暴虐無道，他還有些作為，何況他簽署了「大憲章」，是英國歷史上一項不可磨滅的貢獻。

至於「獅心王理查」，現在的英國人感念他在十字軍東征期間的豐功偉業，反而不再計較他是否對英國盡過心力，所以倫敦國會大廈前庭豎立著「獅心王理查」的雕像，成為觀光客取景的最愛。

不讓鬚眉的

伊莎貝拉女王

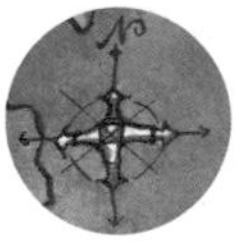

查理五世所說：

「我的榮耀皆源自於高貴的女王，
我的外祖母：伊莎貝拉女王。」

晴朗的天空映著蔚藍的海岸，西班牙巴塞隆納的碼頭上擠滿了人群，一艘三桅大帆船正緩緩的離開岸邊，駛向無垠的大海，這時是西元一四九二年。

碼頭上人們議論紛紛：「哥倫布是個瘋子，為什麼女王陛下會相信他？」「對呀！什麼新航路嘛？簡直就是胡說八道，異想天開！」

哥倫布佇立在船頭，望著大海，心中對伊莎貝拉女王充滿感激。他是出生在義大利的航海家，堅信穿過大西洋西行，也可到達亞洲，而且能使航程縮短一半，並躲過風浪險惡的好望角，但沒有一個國君支持他的計畫，只有西班牙的伊莎貝拉女王。

「陛下！您真的相信哥倫布嗎？」對於大臣們的疑惑，女王總輕描淡寫的表示：「你們以為呢？」然後笑盈盈的離開，留下一臉錯愕的眾人。

事實上，精明的女王自有打算：哥倫布如果成功

了，自然壯大西班牙的國威；萬一失敗了，也不過損失那幾艘船隻，更何況船上那些水手都是些死不足惜的罪犯。想到這兒，女王不禁露出深沉的笑容。這就是十五世紀時，使西班牙國勢到達鼎盛的伊莎貝拉女王！

西元一四五一年，伊莎貝拉出生於卡斯提爾王國，當時的伊比利半島上有卡斯提爾、亞拉岡、葡萄牙和信奉回教的格拉那達四個國家。伊莎貝拉的父親是卡斯提爾國王，母親則是葡萄牙公主，顯赫的身世注定了她不平凡的一生。

伊莎貝拉天資聰穎、氣質優雅，通曉多國語文，也精通文史哲學和音樂美術，再加上出色的外貌，使她成為當時歐洲最負盛名的才女。

伊莎貝拉的父親死後，哥哥繼任國王是為亨利四世。他才智平庸，深知妹妹的能力遠超過他，便有心積極培養妹妹成為王位的接班人。這時的伊莎貝拉已經亭亭玉立，成為各國王公貴族追求的對象。所以亨利四世決定利用妹妹的婚姻拓展對外關係，增強國家的國勢。

「妹妹，仰慕你的人這麼多，你到底喜歡哪一個呀？」亨利四世試探著問。伊莎貝拉回答：「謝謝陛下的關心，我自有打算。」一想起了自己的心上人，伊莎貝拉不自覺羞紅了臉。其實，亨利四世早已有了盤算，他準備把妹妹許配給鄰國的葡萄牙王子，聯合兩國之力，便足以稱霸伊比利半島。但他萬萬沒想到，妹妹屬意的對象，卻是亞拉岡王國的王子斐迪南。

「什麼？未經國家的同意，你竟然私自決定婚姻大事？」「陛下，既然是我的婚事就是個人的私事，何勞眾人操心？」「你是公主，你的婚姻當然會影響到國家的利益，必須經由大家討論決定。」

「不必了！這是我的事，外人無權過問！」「難道你把我也當成外人？」「您當然不是外人，但您在決定這件事的時候，可曾顧及到我的感受？」兄妹倆激烈的爭論，把大臣們嚇得目瞪口呆，當伊莎貝拉拂袖而去時，亨利四世決定取消她的王位繼承權。

既然和哥哥已經決裂，伊莎貝拉乾脆和斐迪南私奔離國，與哥哥斷絕關係。亨利四世死後，王位傳給女兒，伊莎貝拉聞訊急奔回國，她不是為了向哥哥致哀，而是回來爭奪王位。

經過幾番征戰，西元一四七四年伊莎貝拉繼承王位，她和斐迪南將卡斯提爾和亞拉岡兩國合併，然後，經過苦戰消滅了格拉那達，建立了強盛的西班牙王國。

伊莎貝拉女王展開一連串的改革，她訓練強大的砲兵和騎兵隊，用戰爭來開疆拓土，以嚴刑重罰來穩定社會。所以，有人稱讚她是英明的君主，也有人把她比喻成殘酷

的暴君。至於王夫斐迪南，則是默默的支持女王，無論她做得對或不對。

由於伊莎貝拉是虔誠的天主教徒，無法容忍異教徒，所以她設立宗教法庭，以最嚴酷的刑罰來審判「異端」。更可怕的是，女王鼓勵臣民告密，以揪出「對國家不忠」的人，這些人一旦遭到檢舉，立刻被關進大牢，受盡酷刑折磨。可憐的人犯沒有申辯的權利，遭受陷害而被屈打成招的不乏其人，因而冤死獄中的人可說是不計其數。

在臣民面前冷峻嚴肅的女王，回到宮廷內院卻是一個溫柔的妻子和母親。伊莎貝拉和斐迪南的感情如膠似漆，他們期望兒女們日後都能在政壇上有一番作為。

這天黃昏，伊莎貝拉和王夫手挽著手漫步在花園裡，愉快的望著嬉戲的孩子們。「像你我這般幸福美滿的婚姻，才是快樂的根源。」聽聞丈夫此言，女王嬌羞的點點頭，悠悠說道：「不過，國家的利益也很重要，孩子們的婚姻還得慎重選擇才是。」於是，在女王精心的安排下，西班牙的王子公主們都風風光光的嫁娶，其中瓊安娜公主和尼德蘭王子所生的兒子查理五世，後來成為神聖羅馬帝國的皇帝，他是十六世紀初，全歐洲最有權勢的人物。

伊莎貝拉女王為西班牙奠定了強盛的基礎，自從哥倫布發現新航路以後，更為西班牙廣增殖民地，使西班牙成為歐洲的海上霸權國家，富強無人能比。

伊莎貝拉女王在西元一五〇四年去世，她輝煌且不平凡的一生，正如查理五世所說：「我的榮耀皆源自於高貴的女王，我的外祖母：伊莎貝拉女王。」

開啟航海新視野的

亞美利哥

看到大家貪婪的嘴臉，他不禁深深感嘆，決定自己也去瞧瞧這「遠東」的魅力究竟何在。

上古羅馬時代的歐洲人，以「光來自東方」的說法讚許亞非兩洲的大河文明，例如亞洲東部的黃河流域發展出中國文化，亞洲西部的肥沃月灣則孕育出西亞古文明，地中海南方的非洲尼羅河流域，也有傲人的埃及文化。至於這三大洲的名字因何而來，一直是人們想要探究的課題。

根據考古研究，全名「亞細亞洲」的亞洲，是肥沃月灣附近的民族腓尼基人所命名，意思是「日出之地」；全名「歐羅巴洲」的歐洲，則是一位掌管農事的女神名字，她那傾國傾城的姿色，連天神宙斯都為之意亂情迷；至於氣候炎熱的非洲，在拉丁文裡的涵義則是「陽光灼熱之地」。以上這些論述都頗具趣味，也符合學理。只不過，在哥倫布發現美洲新大陸之前，人們竟一直不知道世界上還存有這麼一大片陸地。其實，就算是哥倫布前後去了美洲三、四次，他也不明白這是一塊

「新大陸」，直到另一個義大利籍的水手亞美利哥，才正式肯定此處絕非「東方」。所以，為了紀念亞美利哥與眾不同的見解，「美洲」便以他的名字來命名了。

西元一四五四年出生在義大利佛羅倫斯的亞美利哥，比哥倫布年輕三歲。相同的是，兩人對航海冒險都有一份狂熱；不同的是，哥倫布的家境小康，而亞美利哥卻生在貴族世家，從小養尊處優，並受到極好的教育。

亞美利哥的天資聰慧，年紀輕輕就以博學多聞而飽受稱讚，他對天文和地理特別感興趣，喜歡收集資料再仔細研讀，即使後來任職於金融界，他還是不停的大量閱讀書籍，尤其是《馬可波羅遊記》這本名著，一直深深吸引著他。「這書中所描述的中國，真是個奇妙的世界啊！人民生活富裕，又充滿文化氣息，讓人想前去一探究竟。」

亞美利哥累積了財經資歷後，轉赴西班牙服務，他和自己的同鄉哥倫布懷抱相同的航海熱忱。西元一四九二年，當哥倫布啟程航向新方向時，亞美利哥還協助他做了許多行前準備。「這是一次極大的冒險，但我相信你一定會成功，祝你一切順利！」亞美利哥真誠的祝福哥倫布。「謝謝你的幫忙，這是一項高難度的挑戰，但我認為經由西行的新航路，絕對可以到達亞洲，等著我回來報告好消息吧！」哥倫布信心滿滿的航向不可知的未來。

AMERICI VESPVCI
90
80

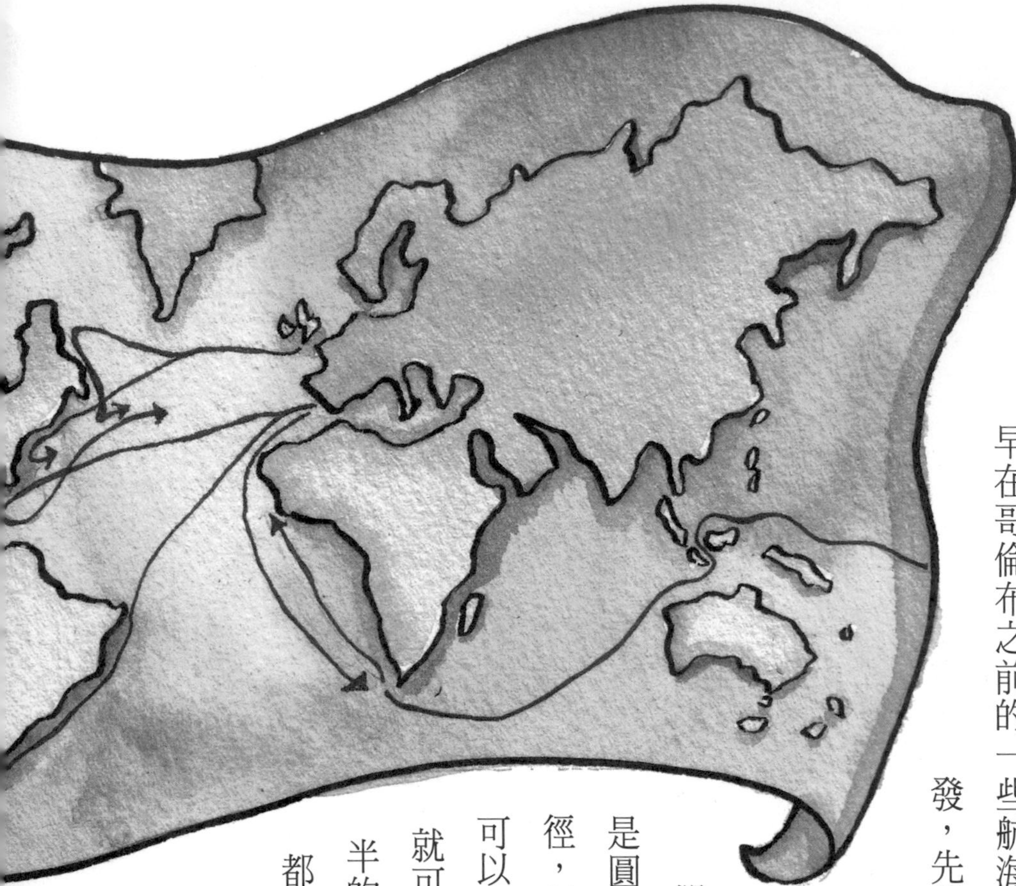

早在哥倫布之前的一些航海家，都是由葡萄牙或西班牙出發，先繞行非洲南端的好望角，然後再進入印度洋到達亞洲，這條途徑雖然曠日廢時，不過可說是萬無一失。但是，哥倫布卻提出不同的見解：「如果地球是圓的，前往亞洲一定有另一條捷徑，何必繞行整個非洲大陸呢？我們可以向西航行，穿越另一面的海洋，就可以到亞洲了，而且還縮短了一半的行程，在人力物力及時間上，都比原先的舊路線要划算多了。」

哥倫布的新理論遭到一般人的訕笑和譏諷，但他終究是說服了西班牙女王伊莎貝拉，答

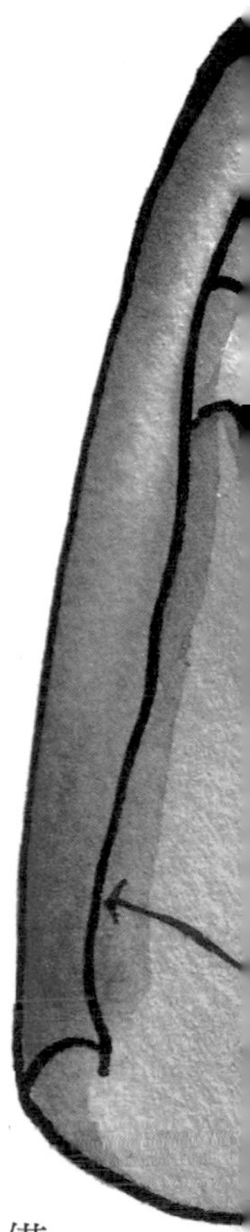

應給他三艘帆船、水手和裝備。於是，哥倫布在一四九二年八月啟程，只不過，那批水手大都是監獄裡等待處決的重刑犯，可說是死不足惜，由此不難看出，伊莎貝拉女王是不是真的相信哥倫布了。

幸運的是，哥倫布竟在一四九三年的一月，帶著兩個印地安人和一些當地土產安抵歐洲，這簡直是太令人吃驚了！哥倫布以極短的時間到達「遠東」，從此開啟新航路的途徑，大家都循著這個模式成功的到達「遠東」，只是誰都沒留意，哥倫布以新航路所發現的「遠東」，其實根本就不是「亞洲」！

「因為新航路的發現，西班牙得以揚威海外，廣建殖民地增強聲勢，一批批商販也跟著牟取暴利，收購亞洲的貨物再高價出售，難道這就是發展航海事業的目的嗎？這和豪取強奪有什麼兩樣呢？」亞美利哥看到大家貪婪的嘴臉，沉醉在搜括殖民地的迷思中，不禁深深感嘆。他決定自己也去瞧瞧，這「遠東」的魅力究竟何在。

一四九九年，亞美利哥隨著西班牙船隊，循著哥倫布的路徑航向亞洲，次年六月抵達南美洲的圭亞那。「這兒是亞洲？不像！太不像了！」亞美利哥一上岸就對當地景觀產生懷疑，因為這裡和《馬可波羅遊記》書中描述的一切，簡直相差十萬八千里。

「你這個人別死腦筋好不好，我們是來發財的，你只會東看西看啥也不做，怎麼找財路啊？」旁人對亞美利哥冷嘲熱諷，但他不為所動，只是仔細的觀察，並詳細的寫下記載。

西元一五〇二年，亞美利哥又隨著一支葡萄牙船隊西航，到了巴西的里約熱內盧。這一次，亞美利哥走訪更多地點，進行實地勘查，他發現當地的地形、氣候、動植物種類以及印地安人的社會組織、風俗習慣等等，都跟他所認知的亞洲有著天壤之別。「此處絕對不是『遠東』，更不是『亞洲』！」亞美利哥斬釘截鐵的表示。

「哦！照你這麼推斷，這裡又是哪兒呢？」有人不解的問道。「我認為，這裡是一個『新世界』！」一時間想不出更合適的名字，亞美利哥便以「新世界」、「新大陸」來稱呼當地。經過時間證明，他的看法是正確的，所以，他是第一個糾正哥倫布錯誤的人。

亞美利哥把他的說法公諸於世，推翻哥倫布的權威，雖然一時之間還不能被人廣為接受，但的確在歐洲各地引起不小的震撼，哥倫布去世之前，還在私人信函中稱讚亞美利哥是個真誠又熱心的好人。

亞美利哥提出的理論正確無誤，人們終於明白，西元一四九二年哥倫布登陸的地點並不是亞洲，而是一塊歷史上未曾記載的新大陸。為了紀念這項偉大的發現，一位日耳曼大學教授在西元一五〇七年建議將「新大陸」命名為「亞美利加洲」，這就是「美洲」名字的由來。

亞美利哥一直擔任西班牙國王的天文學顧問，即使已經名滿天下，他仍孜孜不倦的從事研究，向國王提出新的理論：「如果從歐洲向西航行，必須經過兩大片海域才能抵達亞洲。」後來麥哲倫率領的西班牙船隊，就是依照這個理論，穿越了大西洋和太平洋，才到達亞洲的菲律賓。當時的人們才剛接受地球是圓形的概念，亞美利哥就大膽的估算出地球的周長，經由科學家精密的計算後發現，亞美利哥估出的數字，和實際地球周長的誤差只有八十公里，的確教人佩服不已。

亞美利哥在西元一五一二年去世，熱心學術研究的他，一直在為修改航海地圖而努力，期望能提供更精準的航道途徑，讓人們發展海外探險事業，他的名字和生平將隨著美洲的存在而永垂不朽。

今生不渝的

馬丁路德

上帝啊！
我馬丁路德今天會死在這場雷雨中嗎？
如果我做過一些錯事，求您寬恕我吧！

教堂的鐘聲響起，馬丁路德跟隨家人念聖詩，和其他人一起虔誠的祈禱，這種作禮拜的儀式對他來說，已經是生活的一部份了。因為，基督教創教已經一千多年了，經由羅馬帝國在四世紀定為「國教」以後，每個歐洲人都是基督教的信徒，他們一出生便接受洗禮，生活裡的大小事幾乎全離不開宗教的信念，而基督教的最高領袖羅馬教宗，更享有至高無上的榮耀，連各地的主教、神父都受到大家的尊敬。

不過，最近地方上卻對神父和教士們的行為有所批評，例如他們的生活方式和用錢細節等等，似乎都有引人非議之處。馬丁路德也耳聞這些流言，但他單純的以為：「只要誠敬的閱讀聖經、信奉上帝，我又何必去管那些閒言閒語呢？」

西元一四八二年出生的馬丁路德，是日耳曼地區一個小村鎮的農家子弟，父親是個殷厚老實的農夫，若和其他佃農相比，他們擁有一小塊自耕地，生活還算過得去。馬丁路德從小聰穎敏慧，學業成績十分優秀，家人都對他寄予厚望，希望他日後能學有所成，替家庭光耀門楣，所以，儘管農戶的收入並不十分充裕，但父親還是盡全力供給馬丁路德讀到大學，又攻讀研究所，而馬丁路德的表現也沒讓家人失望，他主修法律，這在當時可是十分熱門的科目呢！「孩子，將來不論你是當律師還是從政，相信都可以讓咱們全家揚眉吐氣啊！」父親笑呵呵的說道。

奇怪的事發生了，馬丁路德突然決定休學，竟要改讀神學，可把大家嚇了一跳。「這究竟是怎麼回事啊？」父親不解的問。馬丁路德低頭沉思，回憶起那天奇妙的遭遇，似乎是冥冥之中自有安排……。

還記得那是一個夏日的午後，馬丁路德在圖書館裡專心的自修研讀，也許是因為太過專注了，窗外已經風雲變色而他竟渾然不知。「糟了！快下大雨了，我得趕緊離開。」馬丁路德猛一抬頭，發現天空早已風起雲湧，不由得慌了手腳，立刻收拾用具，快步跑向回家的路。

不一會兒，大雨傾盆而下，加上雷聲隆隆，馬丁路德不得不加快腳步，他摟緊懷裡的東西，嘴上不免嘀咕著：「真倒楣，曠野中竟連個避雨的地方都找不著，身上淋濕了不要緊，書本和資料弄濕可就糟了！」

順著小徑轉個彎，看見前方正有一棵大樹，這時剛好閃電大作，馬丁路德不禁心頭一震：「躲在樹下並不安全，但總比在荒野中被雷擊中要好吧！」跑得已經是上氣不接下氣了，這會兒不及多想，便一頭鑽到樹下。

正當馬丁路德驚魂未定時，一道閃電從天劈來，巨大的聲響和樹幹引燃的熊熊火光，讓馬丁路德失聲尖叫：「救命啊！」可是，在這滂沱大雨的荒郊野外，哪有人會來挺身相助呢？

馬丁路德嚇壞了，覺得雷電彷彿緊跟著他似的，簡直是擺脫不掉。「撲通！」一聲，馬丁路德跪在泥濘中對天祈禱：「上帝啊！我馬丁路德今天會死在這場雷雨中嗎？如果我做過一些錯事，求您寬恕我吧！如果能得您拯救，我願獻身教會，終生服侍您，求主恩典保佑，阿們！」說也奇怪，上帝似乎是聽見馬丁路德的祈求，雷電漸漸停歇，雨勢也小了，不一會兒竟是雨過天青。

這件事徹底改變了馬丁路德的人生觀，他不再以功名利祿為奮鬥的目標，因為他和上帝已經有了約定，他要做一些更有價值的事。

經過七年的苦讀，馬丁路德在西元一五一二年獲得神學博士的學位，隨即前往威丁堡大學講授聖經課程。

在此之前，基於研究的需要，馬丁路德曾經親自前往羅馬教廷，但是，他卻目睹了令人難以想像的亂象。「聖經告訴我們，神職人員一定要遵守安貧、貞潔、服從的三大戒律。可是，他們的生活奢侈浪費，把信徒供養的經費拿來揮霍，而且，教宗濫用權威，作為更讓人不齒，甚至還有教士修女不守清規的傳言，這些無恥的行徑，簡直是污衊了宗教的聖潔。」馬丁路德深深感嘆。

其實，馬丁路德的想法一點也不誇張，十六世紀的歐洲教會的確出現生活腐化且權力膨脹的情況，再加上教會擁

有龐大的教產，還掌控部分的司法權，已經影響到國家的經濟和行政，國王和主教間的衝突也時有所聞。只不過，最後在教宗的強勢壓制下，國王必須委曲求全的閉門思過，再度加重了教廷神聖不可侵犯的權威。

「如果真的是神聖還沒話說，但是，教廷的做法根本就有問題！」馬丁路德所指責的，是教宗利奧十世為了籌建聖彼得大教堂，而向信徒兜售「贖罪券」。

「贖罪券」的理論是從十三世紀衍生而來，強調信徒在世間累積了功德善行，就可儲存在天上的寶庫，而教宗既然是上帝在世間的代言人，就可以從寶庫中提取功德，為信徒贖罪而使之得救。可是，十五世紀以後，因為教廷時常發生財務困難的狀況，教宗便以兜售贖罪券作為圖利的方式，明目張膽的進行斂財。

「我不能再坐視不管了，我應該遏止這種腐敗的歪風。」馬丁路德在威丁堡教堂以《九十五條論綱》闡述了基督教的真諦，並駁斥贖罪券的荒謬，此舉無異是公開向教廷宣戰，時為西元一五一七年。

《九十五條論綱》的發行量空前龐大，兩週內傳遍德國，四週內則廣及整個西歐；相反的，贖罪券的銷售量大減，教宗自然是臉上無光。

馬丁路德還提出「因信稱義」的主張，認為必須以信心實踐聖經的訓示，才可以得到上帝的赦免而獲救，教宗則根本沒有赦罪的能力。馬丁路德的主張，立刻獲得日耳曼北部貴族的支持，被稱為是「路德教派」。

馬丁路德以大學教授的身分進行宗教改革，得到不少支持與肯定，卻也惹怒教廷，而將他驅逐離教，各地更掀起新舊兩派神學的激烈辯論。馬丁路德不斷的從事寫作和講道，還用德文翻譯聖經，促進方言文學的發展。馬丁路德在西元一五四六年死後不久，「路德教派」正式成為日耳曼境內的合法宗教，並廣獲瑞典、挪威、丹麥等國的支持，而成為北歐地區最具優勢的宗教。馬丁路德揭開宗教改革的序幕，帶動之後的改革風潮，影響和意義都極為深遠。

西班牙三巨頭：

伊莎貝拉女王、查理五世、腓力二世

腓力二世去世後，西班牙就此殞落，再也無法恢復伊莎貝拉女王以來的輝煌。

歐洲伊比利半島上最強悍的女王伊莎貝拉即位後，將卡斯提爾和亞拉岡合併，擴大了版圖，並且籌建陸軍，將原先作戰時騎士配備的武器，加上火藥大砲的運作，而成為全歐洲最強勁的作戰隊伍，終於在一四九二年殲滅驍勇善戰的回教徒，併吞了半島上的格拉那達，從此確立西班牙的版圖。

就在同一年，哥倫布奉了女王的命令，成功的航向大西洋而發現美洲，改寫了世界的歷史。

雄才大略的伊莎貝拉女王採信了哥倫布所說的新航路理論，還以具體的行動支持他。也因此，哥倫布在美洲為西班牙建立廣大的殖民地，印地安人成了奴僕，美洲數以噸計的白銀被送回西班牙，不僅提升了西班牙的國力，伊莎貝拉女王的威望更是如日中天。

伊莎貝拉女王的子女當中，長女瓊安娜在各方面最像她。瓊安娜嫁給了尼德蘭（今荷蘭）王子腓利普，生下查理五世。

歷史學家把十六世紀前半段稱為：查理五世的時代；後半段則是查理五世之子：腓力二世的時代。足見這對父子在政壇舉足輕重的地位。

不滿二十歲的查理已經統轄了尼德蘭、那不勒斯、西西里、西班牙、神聖羅馬帝國等地，堪稱是全歐洲最有權勢的人，他自己不得不讚嘆命運的安排：「我的祖父、外祖父、父親、母親都把我視為王位繼承人，這真是上帝的旨意啊！」

年輕氣盛又不可一世的查理五世，招致強鄰法國的不滿，國王法蘭西斯一世決定和查理兵戎相見。

在這場將近十年的戰爭中，法蘭西斯一世雖然多次戰敗，但他從不服輸，即使簽署了停戰協定，還是對查理五世窮追猛打，甚至聯合歐洲其他國家和查理作對，氣得查理是暴跳如雷。

一五二七年，查理五世進攻羅馬城，殘殺無辜居民，大肆破壞古蹟、古物，史稱為「羅馬劫掠」，查理五世的聲望因而大受影響。

查理五世除了面對法蘭西斯一世，還要處理東方鄂圖曼土耳其帝國的軍事威脅。最後，他不得不妥協答應，每年向鄂圖曼帝國進貢黃金萬兩，以換取暫時的和平。

當查理五世漸漸衰老，他只好將統治的區域劃分給弟弟和兒子腓力二世。年輕的腓力二世繼承了西班牙、米蘭、尼德蘭、那不勒斯的統治權，再加上亞洲菲律賓和中南美洲的殖民地，聲望不亞於父親，他也有心維持西班牙的聲勢，可惜天不從人願，最後竟因他的婚姻引出紛爭。

腓力二世從父親手上繼承了政治方面的豐功偉業，更創造出文化發展的高峰期，這時他未滿三十歲，可說是英姿煥發，也自認能和他匹配的婚姻對象，一定是才貌雙全的公主。沒想到，最後和腓力二世結為夫妻的，竟是貌不驚人的英國女王瑪麗。

這是一樁不幸的政治婚姻，相貌平庸的瑪麗比腓力二世年長十一歲，兩人外貌

極不相配，可以聊天的共同話題更不多，腓力二世之所以肯屈就迎娶瑪麗，就是為了併吞英國！

腓力二世一心以為，只要瑪麗生了孩子，就可以同時繼承西班牙和英國的王位。腓力二世的如意算盤隨

ISABELLA OF CASTILE
CHARLES V
PHILLIP II

著瑪麗的去世而落空，瑪麗根本未曾生育子女。

腓力二世在瑪麗死後，不僅不悲傷，反而沾沾自喜；因為他又有新的目標，那就是瑪麗同父異母的妹妹，新上任的英國女王伊莉莎白一世。

伊莉莎白女王年輕貌美又才華洋溢，是腓力二世心目中的最佳人選。腓力二世對女王展開熱烈的追求，目的仍是為了兼併英國；不過，伊莉莎白女王對曾是「姐夫」的腓力二世不假辭色，更拒絕了他的求婚。

腓力二世氣得立刻迎娶法國的大公主。腓力二世心想，將來公主所生的孩子成了法國國王，法國就屬於西班牙了。無奈人算不如天算，因為法國國內爆發一連串內戰，即使腓力二世也加入戰場，最後卻落得一場空，根本沒機會為子女爭取王位繼承權。

至於原先拒絕他的英國女王伊莉莎白一世，由於和西班牙一再交惡，腓力二世決定發動號稱「無敵艦隊」的海軍，企圖一舉消滅英國。「不能用聯姻的方式併吞英國，那麼就讓戰爭來解決一切吧！」腓力二世氣沖沖的表示。

但是，精明能幹的英國女王卻以精壯的海軍打敗了無敵艦隊，時為一五八八年，使西班牙喪失歐洲強權國家的地位。十年後腓力二世去世，西班牙就此殞落，再也無法恢復伊莎貝拉女王以來的輝煌。

英皇的

愛恨情仇

這個老不修，姐姐剛死不久，
就厚著臉皮跟我求婚，
難道我還不明白他的詭計嗎？

英國皇宮裡舉行盛大隆重的婚禮，國王亨利七世喜孜孜的招呼各國賓客，他是這場婚禮的主人。為了這樁婚姻，他煞費苦心的計畫安排，因為事關兒子的幸福及國家的未來，此等大事，豈可不慎？

「歡迎新郎、新娘進場！」歡樂的樂聲響起，儀隊和馬車引領著一對新人進入典禮會場，新郎是亞瑟王子，也就是未來的英國國王；新娘是西班牙國王的女兒凱瑟琳公主，如此門當戶對的天作之合，讓在場賓客無不衷心祝福這對新人能天長地久，幸福美滿。可是，當大家再仔細一瞧，不免流露出一絲感嘆：新郎似乎顯得弱不禁風，而衣著華麗的新娘，則是姿色平庸，絲毫不見雍容華貴的皇室風範。賓客們不禁懷疑，這對王子和公主能過著幸福快樂的日子嗎？

果然，亞瑟王子婚後不到一年便去世了，十七歲的凱瑟琳公主尚未生育子女，只好準備返回娘家西班牙了。可是，處心積慮安排這門親事的亨利七世，為的就是要和西班牙結盟，藉他人之威，以壯英國聲勢，如今凱瑟琳既沒生下一子半女，又想一走了之，亨利七世的如意算盤不免泡湯；於是，他強迫次子，也就是亨利八世，必須迎娶凱瑟琳公主。

「父王，我不能娶她，她是我大嫂，又比我年長，而且我根本不愛她！」「孩子，為了國家的前途，你就委屈點，先訂下親事，過幾年再完婚。」為此，父子間不斷爭執，但最後仍是依照亨利七世的安排，凱瑟琳公主成為政治婚姻的犧牲者，嫁給了她的小叔。

這的確是一樁不被看好的婚姻，在亨利八世繼任為英王後，他雄才大略、智勇雙全的表現，加上長得儀表堂堂，更凸顯出年老色衰的凱瑟琳配不上他；更令亨利八世遺憾的是，凱瑟琳所生的六個子女中，只有瑪麗公主一人存活下來，外貌酷似母親的瑪麗，根本得不到父親的寵愛，未來的王位繼承問題更讓亨利八世頭疼，迫使得亨利八世開始向外發展。他和宮女安妮寶琳暗通款曲，不久安妮便懷孕了，亨利八世雀躍不已，一心指望安妮能生個兒子，那就不怕王位後繼無人了。只是，橫亙在眼前的問題是，安妮該

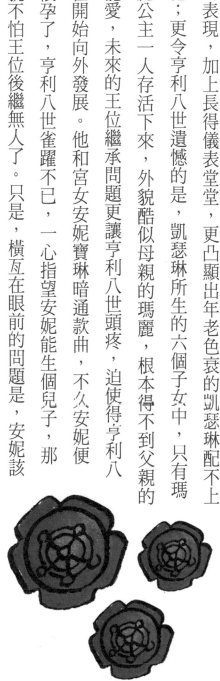

如何入主皇室呢？這還真是棘手呢！

「陛下，皇后正在大發雷霆，您要不要去……」對於侍從的報告，亨利八世卻漠不關心，因為他早就不把皇后放在眼裡，兩人之間再也沒有一絲情分了。現在，亨利八世正擔心該如何向教宗申請批准離婚，以便迎娶安妮，給孩子一個正當的名分。

中古時代的歐洲，教宗具有無限崇高的地位，連國王的婚姻大事都要禮貌性的徵詢教宗意見；可是，隨著教會勢力的增長，行為不檢的神職人員越來越多，教宗的權威受到質疑，許多人便提出宗教改革的主張，其中最有名的就是馬丁路德。

亨利八世原本對宗教改革不感興趣，眼前他只關心自己的婚姻難題，可是教宗一再拖延的態度，讓他大為不滿，此時也不免懷疑起教宗的權威，心裡想著：「或許我也該學學馬丁路德，試著自創教派，脫離羅馬教宗的約束，即使西班牙國王不允許教宗批准我和凱瑟琳離婚，他又能奈我何？」亨利八世心裡有了主張，立刻宣布脫離天主教，自創「英國國教派」，凱瑟琳被趕回西班牙，安妮寶琳正式入主皇宮，生下一個女孩。她就是將來英國最重要的女王：伊莉莎白一世。

這個結果讓亨利八世大失所望，不過有了婚姻自主權的他，開始玩起結婚、離婚的遊戲。在安妮之後，他又結了四次婚，終於得到一位王子——愛德華六世。

CATHERINE ARAGON
ANNE BOLEYN
JANE SEYMOUR
HENRY VIII
CATHERINE HOWARD
KATHARINE PARRE
ANNE CLEVES

西元一五四七年，亨利八世去世，愛德華繼位，六年後也去世了。這時，由瑪麗公主繼位。個性孤僻古怪的瑪麗，為了替母親凱瑟琳報仇，宣布恢復信仰天主教，並且對英國國教派的信徒大開殺戒，因而被大家叫作「血腥瑪麗」；至於妹妹伊莉莎白，因為才華洋溢、美豔出眾，當然也遭受到迫害，幸好她智勇雙全，多次都能逢凶化吉。

一五五八年，瑪麗去世，由伊莉莎白即位，同樣為了替母親安妮寶琳討回公道，她下令恢復英國國教派，禁止天主教，此舉又造成國內的一場動亂；

而更嚴重的是，西班牙以捍衛天主教為由，竟派出精良的海軍「無敵艦隊」，準備大舉進攻英國。

「這個老不修，姐姐剛死不久，就厚著臉皮跟我求婚，難道我還不明白他的詭計嗎？」伊莉莎白大罵西班牙國王腓力二世。女王說得不錯，腓力二世當初迎娶瑪麗，為的是留下子嗣，以便日後可併吞英國，結果瑪麗不曾生育，所以瑪麗一死，腓力立刻打起求婚聯盟的如意算盤；結果求婚被拒，便懷恨在心，卻以捍衛天主教的名義進攻英國！

年輕的伊莉莎白沉穩應戰，在一五八八年打敗了西班牙引以為傲的「無敵艦隊」，英國從此執掌海上霸權，成為歐洲的強國。

這位美麗的女王終生未婚，她曾經大膽的以低胸禮服接見大臣，在眾人驚豔之餘，女王緩緩說道：「從我即位那天開始，我就已經嫁給了……英國！」

伊莉莎白一世統治英國長達四十五年，也許她和情夫的羅曼史是人們茶餘飯後津津樂道的話題，但不可否認的，她的確是英國最偉大的女王之一，亨利八世應該以她為榮。想當年因為她的出生引起軒然大波；又因為她是女兒身而讓母親喪命，如今一切已成雲煙，只留下她塑造出不朽的豐功偉業！

血腥瑪麗傳奇

瑪麗狂笑著流出眼淚，
而在登上王位的那一刻，
她已經定下一步步復仇的計畫。

豪華熱鬧的婚禮正在宮內大廳進行，衣香鬢影，說不盡的繁華富貴。可是身為大公主的瑪麗，卻神情落寞的呆立在一旁，心中充滿了怨恨。因為，這已經是她父親的第六次婚姻了，過去的恩恩怨怨，總是糾纏在瑪麗的心頭揮之不去。

瑪麗的父親是英國國王亨利八世，母親是西班牙公主凱瑟琳，這原本就是一樁不被看好的政治聯姻，因為凱瑟琳的第一任丈夫，原是亨利八世的哥哥，兩人婚後不到一年王子去世，基於當時英國和西班牙兩國間的政治需要，凱瑟琳又嫁給了弟弟亨利八世，雙方雖然共度了將近二十年的時光，但稱不上是情投意合；而更令亨利八世遺憾的是，凱瑟琳所生的孩子全都夭折，只剩下瑪麗公主一人。瑪麗的個性陰沉善變，容貌也不出色，亨利八世似乎沒把女兒視為掌上明珠。

「這孩子整天陰陽怪氣的，真令人心煩！」亨利八世總是這麼說。瑪麗雖然生在宮廷貴為公主，卻不曾享受到一絲家庭溫暖。

為了生個兒子繼承王位，亨利八世愛上凱瑟琳身邊的女侍，依照當時天主教的規定，亨利八世無法自行離婚再娶。但為了終止和凱瑟琳的婚姻關係而迎娶新歡，亨利八世不惜和羅馬教宗反目，背叛天主教而自創「英國國教」。

西元一五三三年，凱瑟琳被迫離婚，並被逐出宮廷，三年後抑鬱以終。「媽媽，我一定要為你報仇！」瑪麗公主悲痛的立下誓言。

事實上，不待瑪麗公主復仇，亨利八世已經下令把新歡推上斷頭台，留下一個清秀可愛的小女孩，她就是女侍所生的伊莉莎白公主。伊莉莎白的聰穎美麗，讓瑪麗妒火中燒，她從不肯承認這個妹妹，甚至把她視為眼中釘。

亨利八世繼續大玩再婚的遊戲，他又結了四次婚，終於得到一個兒子，就是愛德華王子。

一五四七年，亨利八世去世，年僅九歲的愛德華成為英國國王，身為長姐的瑪麗公主憤恨難消，卻又無可奈何。「這個小鬼頭算什麼？他母親當年只是宮裡的一名僕人，我恨透了這群人！」瑪麗心中累積著仇恨，讓她變得沉鬱陰狠。

愛德華的身體瘦弱不堪，幾年後因病去世，瑪麗公主終於等到了皇位。「哈哈，我是國王了！」瑪麗狂笑著流出眼淚，而在登上王位的那一刻，她已經定下一步步復仇的計畫。

當上女王的瑪麗已經三十七歲了，還未論及婚嫁，這時候，神聖羅馬帝國的皇帝查理五世，也就是瑪麗的親表哥，誠懇的對她說：「陛下，你我的母親是親姊妹，哥哥我怎能不關心你的婚姻大事呢？」

當時的查理五世可說是不可一世，他身為神聖羅馬帝國的皇帝，領地涵蓋西班牙、南義大利、荷蘭、比利時、德國、奧地利、捷克、匈牙利等處，讓瑪麗對他佩服得五體投地。

一聽表哥論及自己的婚姻，冷若冰霜的瑪麗也不免露出一絲嬌羞。「我也不知如何

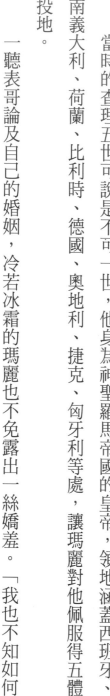

是好啊！」

「依我之見，為了國家的利益，你我如能親上加親，也未嘗不可啊！」查理五世暗示性的說道。

瑪麗大吃一驚，她不明白查理五世所指為何。原來，查理五世是希望自己的兒子腓力王子能迎娶瑪麗，因為腓力的妻子剛剛過世，二十七歲的腓力必須再婚，而瑪麗的女王身分極為耀眼！

於是，瑪麗嫁給了比自己年輕十一歲的外甥腓力。即使是年齡和輩分的雙重差距，瑪麗仍想努力維持這段不被看好的婚姻，這時是一五五四年，可說是瑪麗生命中最快樂的時光了。可惜好景不常，瑪麗懷孕卻又流產了，腓力失望之餘，拋下瑪麗返回西班牙。屈指算來，腓力留在瑪麗身邊的日子竟然不到一年！

夜闌人靜時，瑪麗想到自己的婚姻竟如母親一般不幸，而其中的委屈，甚至遠超過母親，因為父母親最後雖以離婚收場，但也攜手共度了二十年；而自己不曾生育子女，如今丈夫又遠走他鄉，回想至此，瑪麗淚如雨下。

從此瑪麗開始變得殘暴易怒，她下令凡是不服從女王命令者，一律加重刑處，其中最恐怖的，就是她的宗教政策。

瑪麗非常痛恨父親所立的新教「英國國教」，因為新教讓母親失去后冠；更因為新教，父親可以再娶而生下妹妹伊莉莎白。

「凡是信仰新教者就是英國的叛國賊，給我活活的燒死！」瑪麗兇狠的說。

瑪麗真的痛下毒手，展開復仇計畫。先是處斬了新教的大主教，接著又把幾名主教抓起來，以「異端」的罪名燒死在火刑柱上。瑪麗為了信仰的差異而殺人無數，最淒慘的一次，是在倫敦市民面前集

體燒死了四十三名殉教者，於是人們就以「血腥瑪麗」來稱呼她。

瑪麗一直寄望腓力能回心轉意，由於腓力已是西班牙國王，而西班牙的敵國是法國，為了爭取腓力的眷顧，瑪麗不顧一切的也對法國宣戰，結果英軍慘敗，喪失一大片屬地。

戰敗的羞辱讓英國人民對瑪麗更不諒解，而腓力再也不曾踏上英國的領土，瑪麗重回丈夫懷抱的希望再度落空！

最後，瑪麗在傷心悔恨中走完一生，年僅四十二歲。在她即位的五年多以來，全英國籠罩在恐怖統治的氣氛裡，她無法包容不同的教派，甚至大開殺戒，造成英國歷史上的一頁悲劇，更是她個人生命中永遠的悲哀！時至今日，「血腥瑪麗」成為一種調酒的名稱，它是伏特加酒以番茄汁調淡而成，在杯中倒入約十分之二的伏特加酒，再加入八分滿的番茄汁，用調酒棒輕輕攪拌後，加入幾個冰塊，最後可以用檸檬或櫻桃來裝飾。這種調酒血紅的顏色，令人想起英國十六世紀的瑪麗女王，她悲苦的一生和冷酷的作為讓人難忘，這杯調酒以此為名，真是盡在不言中！

傳教士的故事

中國人不知道傳教士，而且很少見過洋人，一看到高鼻深目的利瑪竇，甚至驚嚇得拔腿就跑。

虔誠的向天父祈禱後，舉目遙望遠方，利瑪竇乘船從澳門航向中國，這時正是一五八三年。

利瑪竇是義大利人，二十一歲進入耶穌會，在羅馬接受神職教育，後來又到葡萄牙學語言，他滿懷宗教與救世服務的熱忱，準備接受教會的安排，前往異地傳教。

葡萄牙是歐洲最早發展航海事業的國家，從十五世紀開始向外遠航，並尋獲到達亞洲的新路線，陸續將印度的果亞和南海的澳門占為己有，利瑪竇第一個傳教的目的地就是印度。

在印度四年，讓利瑪竇對亞洲認識更深刻，他發現中國地廣人稠，卻只有佛教和道教的信仰，更應該前往去傳播福音，於是，一五八二年他先到澳門學習中文。

一年過後，利瑪竇覺得中文已經難不倒他了，便滿懷信心的來到廣東肇慶，準備開始傳教。沒想到，語言溝通的困窘突破了，風土民情的差異卻讓利瑪竇頻頻受挫。利瑪竇觀察後發現，中國人不僅不知道傳教士，而且很少見過洋人，當他們一看到高鼻深目的利瑪竇，甚至驚嚇得張口結舌，拔腿就跑。「喂！別跑呀！我不是壞人，我是傳教士。」利瑪竇邊跑邊喊，心裡明白，這種追趕跑跳的傳教方式絕非上策。

「原來中國人只認得和尚、尼姑，根本不知道什麼是傳教士。我還來不及開口，人都被我嚇跑了。」利瑪竇沮喪不已。

「也罷！就讓我做個洋和尚吧！」為了博得中國人的認同，利瑪竇剃了頭髮、穿起袈裟，以僧人自稱，並將居所改稱為「仙花寺」。

大家果然接納了這個洋和尚，當人們和利瑪竇逐漸熟悉後，被邀請到利瑪竇的家裡參觀。「這個圓圓會轉的是什麼啊？」「這尊佛像是誰啊？」「這幅圖上畫的密密麻麻是什麼呢？」當大家好奇的東張西望時，利瑪竇開始一一解說：「這叫作地球儀，這幅是地圖，這是新式的報時鐘，至於這尊雕像不是佛像，是聖母瑪麗亞。」

利瑪竇在傳教時，同時也介紹西方知識，讓國人大開眼界。隨著時間流逝，領洗入教的人多了，大家尊敬利瑪竇的博學多聞，也欣賞他恢弘的氣度，因為利瑪竇不僅尊重中國文化，還誠心讚許儒家的倫理觀念，他把儒家的著作《四書》、《五經》、《道德經》

譯成拉丁文，再傳回歐洲，讓歐洲人認識博大精深的中華文化。

利瑪竇來華十年後才脫去僧袍，穿著儒服走訪各地，西元一五九九年他定居在南京，和達官名人徐光啟、李之藻等人交往，並和徐光啟合譯數學典籍《幾何原本》、《同文算指》。後來，徐光啟在上海的徐家匯，修建了全中國的第一座天主教堂，正是因為利瑪竇的影響。

一六〇一年一月，利瑪竇獲准前往北京覲見皇帝，明神宗對他帶來的十字架、報時鐘、西琴等很感興趣，特別是他所繪的世界地圖，大家終於明白了「地圓及五大洲」的觀念，利瑪竇從此就留在北京，還接受明朝的俸祿。

利瑪竇促進中西文化交流，使得西教與西學並行於中國，開啟了國人的視野，他甚至允許教徒依舊從事拜孔祭祖的活動，看在當時教廷的眼裡，這種通融簡直是大逆不道，因為天主教是嚴禁偶像崇拜、焚香上供的。利瑪竇卻開明的以為：「唯有尊重不同、包容差異，才有和諧的可能。」

西元一六一〇年，利瑪竇在北京去世，明神宗欽賜葬地，足見朝廷對他的重視。這一年，由於「欽天監」推測日蝕失誤，引起皇帝的不滿，便命令利瑪竇的舊友徐光啟、李之藻等人開始修訂曆法，徐光啟回憶起當年利瑪竇所言：「西學精髓中除了天文曆

法，還有攻守器械，而西洋砲銃巧妙厲害，引進更是當務之急。」徐光啟便建議朝廷設局造砲，並敦聘另一位傳教士湯若望協助，可惜當時關外女真人的勢力興起，湯若望監造的五百多尊大砲，並不能挽救明朝覆亡的命運。

利瑪竇去世時，中國境內的天主教信徒僅兩千人；到了湯若望時，全國信徒已增加到十萬人以上，連皇宮裡都設了教堂，還有一百多位皇族成員受洗；等到清兵入關，明朝覆亡以後，清世祖對傳教士仍保持尊重禮遇的態度，和湯若望更是情同家人，經常一起討論西學，還御賜湯若望「欽天監監正」一職，負責曆法的編纂和修訂。但是，湯若望因為皇帝的寵愛而得罪守舊派，不幸遭人誣陷被捕下獄，幸賴太皇太后力保，才無罪開釋，可見湯若望在皇室中地位的特殊。

清世祖去世後，英明好學的康熙皇帝承繼帝位，他不僅對西學充滿興趣，也很喜歡聆聽教士以不同的角度來分析事理，這個時期來華的教士是南懷仁，他不僅任職「欽天

監」，還奉命建造火器砲銃，負責盡職的態度，深獲朝廷大臣尊敬。而康熙皇帝則是每天宣他入宮，南懷仁詳細為皇帝解說代數和幾何，成了皇帝的老師，所以南懷仁可以坐著和皇帝論事，還跟皇帝一起用餐呢！

南懷仁死後被追封為禮部侍郎，皇帝還派大臣前往致祭，又為他御製碑文，真是死後猶榮；之後來華的幾位教士，也都能得到康熙的信任，他們建議皇帝以西醫的方式治病。有一次康熙高燒不退，服用西藥後痊癒，從此皇帝對教士們的西學西術更是深信不疑。

可是，過去利瑪竇對中國拜孔祭祖的通融，一直受到羅馬教廷的嚴詞批評，現在來華的教士多了，大家的看法不一、意見不合，於是產生內訌彼此攻擊，這些詆毀爭寵的紛擾讓皇帝很不高興：「沒想到這批洋人恃寵而驕，竟然干涉起中國的禮儀內政，實在令人失望！」

康熙皇帝逝世後，世宗雍正繼位，個性嚴峻多疑的他對傳教士本無好感，當年他和兄弟爭奪帝位時，傳教士暗助對方勢力，讓雍正皇帝深惡痛絕，終於在執政十三年時下令禁教，也就是一七三五年開始，耶穌會教士停止所有在華活動，中西文化交流中斷，中國從此故步自封而孤陋寡聞，西方發展卻日新月異，雙方相距越遠，一旦爆發衝突，中國自是難以招架，因而走上飽受欺凌的悲慘命運！

追求真理永不悔的
伽利略

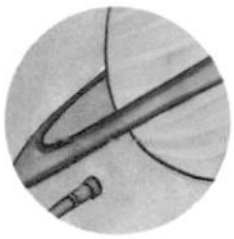

爲了實驗，他冒險爬上年久失修的比薩斜塔，讓大家捏了一把冷汗，這就是科學家的研究精神。

當西羅馬帝國滅亡，歐洲陷入無秩序的「黑暗時代」。此時，除了東羅馬帝國尚能屹立不搖，堪稱是文明的堡壘，另一個對文化有所貢獻的，就是基督教教會，教士們不僅擔負起教育的工作，甚至孜孜不倦的抄寫典籍保存文化，加之以羅馬教宗擁有為帝王加冕的殊榮，使得教會的地位無限增長，而神學研究更成為「百科之后」，學者專家個個是博學鴻儒，受人尊敬。但是，這些學術和理論，是不是完全符合科學研究的精神和學理呢？恐怕還有待商榷。在宗教凌駕一切的操控下，執著於真理的科學家們，只得秉持著信念而匍匐前進。

波蘭貴族哥白尼就是一例，以他的資質，在大學讀完普通課程之後，絲毫不覺得滿足，因此南下義大利遊學，讀了醫學和神學，還獲得博士學位，並精研數學和天文學。哥白尼對天文知識特別感興趣，經由東西文化交流的過程，哥白尼看到一些古希臘時代的科學研究，其中提出「地動繞日」說，讓他十分不解。「這就怪了！不是說地球為宇宙的中心嗎？怎麼竟有不同的說法，到底誰是誰非呢？」

為了證實究竟何者為真，哥白尼購買不少天文儀器北返，在家鄉自建一座天文台，長期觀測天象，並收集各種天文資料，不斷的研究和驗證，他終於明白，地球繞日而行是對的，一般人的謬誤觀念亟待糾正。於是，他在西元一五三〇年寫了一份專論報告，託朋友拿到日耳曼地區發行，這就是西元一五四三年問世的「天體運行論」。這一年哥白尼逝世，不及親眼看到他所引起的震撼。

當時學界一致相信「地心說」，對「天體運行論」所提出的「日心說」不以為然，例如丹麥國王腓特烈二世就公開表示反對。為了推翻哥白尼的理論，他把丹麥所屬的一個小島交給科學家泰科布拉，並慎重的交代：「這是位於波羅的海的島嶼，你可以專心的在島上從事研究而不受打擾，記住！一定要找出哥白尼理論的破綻。」

有了國王的支持，泰科布拉在島上建了天文台、圖書館、儀器製造工廠、印刷廠，還請了不少專業研究人員，大家一起為推翻哥白尼而努力。

二十多年過去了，這座被稱為「天體堡壘」的小島成了天文研究的重鎮，學者專家推斷出不少珍貴的天文知識。諷刺的是，當初要推翻哥白尼的目標並沒有達成，因為，泰科布拉自己不得不認輸：「我必須承認哥白尼是對的，他的結論正確無誤！」

泰科布拉辜負了當年國王託付的重任，但基於對科學的執著，他必須說出真理。他去世後由日耳曼的科學家克卜勒繼續研究，他用高深的數學理論來統整泰科布拉所留下的天文資料，結果不僅再一次肯定哥白尼的正確無誤，還發現地球繞日的軌道是一個橢圓形，這是十七世紀人類天文知識的另一項重大成就。

和克卜勒同時的科學家伽利略，也是一個執著於學理研究，而不肯屈服於強權勢力的科學家。

伽利略在西元一五六四年出生，父親是個小有名氣的音樂家，使伽利略從小培養極佳的人文素養；不過，由於家境僅止於小康，父親一直希望伽利略能行醫濟世，一方面也可以改善家裡的經濟狀況。伽利略依照父親的指示，果真進了大學的醫科，但是他發覺自己對醫學實在是沒什麼興趣，忍不住在心裡抱怨著：「每天要背一連串的藥名、一大堆病理學名、還有數不清的人體結構……。」

伽利略被這些醫科學理整得是頭暈腦脹，有一次，當老師在介紹藥品特性時，他竟不自覺的望著屋頂發呆，突然間有了靈感：「咦！這吊燈每回擺動的時間好像差不多相同……。」一時間找不到精確的計算方式，伽利略便壓著自己的脈搏，簡單的做實驗。

伽利略對自己的新發現展開精密研究，比學習課本的知識要用心多了，他甚至是廢寢忘食的加以精算，終於公布「擺的等時性」原理。根據這項重大的發現，後來才有精確時鐘的出現。伽利略對自己的志願有了更進一步的認識，他決定放棄醫學改念數學。

找到努力的方向，伽利略更積極的投入研究工作，不過，由於父親年邁體衰，已經無法支援伽利略的學雜費，伽利略必須更賣力的工作外，最後竟被迫休學四年；但是，他並沒有灰心喪志，因為在他追求科學真理的執

著中，他已有人生的目標。

憑著努力不懈的毅力，伽利略獲得義大利比薩大學的博士學位，也陸續發表加速定律的說法。這是他親自爬上比薩斜塔做實驗所得的結果，當時的比薩斜塔因為年久失修，已經成了危險建築，伽利略不顧危險的攀爬，讓許多人替他捏了一把冷汗，這就是科學家的研究精神，為了得到最正確的答案，往往可以不顧一切的付出努力。

伽利略還自製望遠鏡，從事天文學的研究，發現太陽黑點、木星環等現象，更有趣的是，人們認為最浪漫的銀河，竟然是太陽系以外許多獨立的天體集結而成。伽利略在西元一六一三年發表著作《論太陽黑點書翰集》，闡述許多天文學新知，也造成不小的轟動。

當伽利略成為學界知名的教授，羅馬教宗烏爾班八世特別召見他，這真是一項莫大的殊榮。不過，榮耀的背後卻隱藏著一項計謀，讓伽利略深陷而難以自拔……。

「聖經和希臘先哲亞里斯多德都告訴我們，宇宙是為永恆，可是，哥白尼卻散佈不實的言論，違背自古以來的『地心說』，現在你是名滿天下了，我要你完成這項神聖的使命，以你的學術權威去駁斥哥白尼的理論。」「承蒙您的看重，讓我備感惶恐。可是，學術沒有權威，它只存在真理，所以，我無法立刻接納您的指派，請給我時間加以研究再向您報告。」教宗和伽利略的一番對話，正是科學家執著於真理的典範。

經過九年的研究，伽利略終於提出結果，那就是哥白尼是對的，不論教宗或是亞里斯多德都是錯的！此舉惹惱了羅馬教廷，伽利略被送到羅馬接受審判。

「異端裁判法庭」裡的氣氛詭異冷峻，六十九歲的伽利略拖著孱弱的身軀，直挺挺的聆聽審判，他被冠上詆毀宗教的罪名而被視為「異端」。但是，許多人是同情伽利略的，甚至默默的支持他，只是礙於教宗的權威而不敢發難，最後伽利略被判終身監禁，雖然逃過死刑，卻失去自由，此後一直受到教會特務機構的嚴密監視。

如此打擊並沒讓伽利略放棄科學研究，但他的健康狀況更差了，甚至雙目失明，直到一六四二年他去世之前，伽利略未曾中斷科學研究。前任羅馬教宗若望保祿二世就公開讚揚伽利略，並承認三百年前教會對他的懲處是一項錯誤，伽利略終於贏得遲來的公道。

「理性時代」的

威廉哈維

我認爲學術
沒有權威，只有眞理，
必須經過實驗證明其正確性。

「食物在心臟裡轉化為血液，維持人體的溫度，並製造出生命所需的能量。」這是歐洲醫界自古以來流傳的理論；十七世紀卻有人因為不解而提出懷疑，他就是西元一五七八年出生在英國的威廉哈維，後來被視為是「理性時代」的代表人物。

十七、十八世紀的歐洲被稱為「理性時代」，因為受到唯理主義的影響，一改過去文藝復興時期的浪漫崇古風氣。學者以科學研究作為哲學體系的基礎，他們強調思考、實驗與歸納分析，然後尋求正確的答案。

例如十六歲就擔任外交官的英國文學家培根，提出「歸納法」的思考模式。他十二歲就進入劍橋大學法律系，是個不折不扣的資優生，培根曾說：「讀書能使人充實，討論能使人機智，而寫作則能讓人準確。」這些話對哈維的影響甚為深遠，因為他和培根都是劍橋大學的前後期同學。哈維十五歲就讀劍橋大學，表現不輸培根，他畢業後進入義大利的巴都亞大學從事醫學研究，巴都亞的學術地位崇高，堪稱是當時歐洲推動科學研究的中心，許多著名的學者都曾在此地任教，伽利略便是其中之一，哈維景仰古聖先賢的手采，也對自己的未來充滿期許。

哈維從小就對醫學充滿興趣，他喜歡翻閱和醫學相關的書籍，包括古希臘時代的科學典籍，他經常花上好一段時間分析書中奧妙難懂的字句，卻絲毫不以為苦。隨著年歲增長，哈維思考的方向更加廣泛細密，他對書中所言並不完全信服，有時候甚至產生懷疑，例如古籍中提到：「食物經由肝臟的功能而轉換成元氣」，以及「食物是在心臟被完全消化」。哈維總覺得不可思議，他仔細研讀希臘哲人亞里斯多德的著作，還是找不出令他滿意的說明。

「或許古人也有弄錯的時候吧！」哈維道出自己的想法。可是，他的同學卻不這麼認為：「你別傻了！亞里斯多德的學理是不容懷疑的，他的權威長存數千年之久，又有誰敢打破呢？」

「不！我認為學術沒有權威，只有真理，必須經過實驗證明其正確性。你們想想看，當哥白尼提出太陽為宇宙中心的說法時，不也算是大膽的推翻權威嗎？」哈維的話讓同學們噤聲不語，倒不是因為他說得有理，而是哥白尼所引起的軒然大波，讓人不禁為哈維也捏了一把冷汗。

西元一五四三年哥白尼的理論「日心說」發表，推翻過去大家所公認「地球為宇宙中心」的說法，不僅是備受爭議，而且還惹

惱了羅馬教廷，好在哥白尼就在當年去世，躲過宗教法庭審判的折磨；話說回來，不是每個人都有哥白尼的勇氣和運氣，如果公然和權威對抗，下場恐怕是不堪設想。

哈維埋首於學理的研究，他從來不把權威放在眼裡，同學們把他視之為怪傑，他也處之泰然。

為了更清楚的了解生理結構，哈維先從動物解剖做起，進一步做人體的深入研究。「人的脈搏平均跳動次數是每分鐘七十二下，根據我的估算，每次跳動時可從心臟噴出兩盎司的血液，也就是說，一小時將有五百四十磅的血液進入主動脈；問題是，五百四十磅遠遠超過一個人的體重，這究竟是怎麼一回事？」哈維百思不解。

依照歷史記載，西元二世紀時，羅馬最偉大的內科醫生伽林根據大猩猩的解剖研究，而做出以下的結論：那就是「食物會在肝臟裡轉化為血液，以維持人體的能量。」這種說法千年以來被醫界奉行不悖，但哈維認為這其中大有蹊蹺，應該加以深究。

哈維花了九年的時間從事解剖研究，終於發現，血液是通過心臟而不停的進行重複循環，心臟的瓣膜系統具有幫浦的功能，利用收縮與膨脹使血液循環人體全身，所以，心臟是人體生命的中樞，但根本不具有思考的功能。「哈哈！我終於發現大家習慣說『你心裡在想什麼？』還有什麼『傷心』、『心碎』，這些全都不對，因為心根本不會想嘛！」

當時因為缺乏精密顯微鏡的輔助，哈維無法了解毛細血管的存在，但他已經明確的指出，當動脈帶著血液離開心臟，靜脈將血液輸回心臟時，應該還有更細小的血管滿布全身，同時進行著輸送血液的工作，這個結論在哈維去世後獲得證實。

哈維的新發現正確而無誤，他在西元一六二八年發表著作《動物心血運動的研究》中，自豪的指出：「我糾正了千年以來的錯誤觀念。」

哈維回到英國，曾開業擔任醫生，病人包括劍橋大學的學長培根，哈維也先後擔任國王詹姆士一世、查理一世的御醫。查理一世非常敬佩哈維在醫學領域的成就，特別撥出御花園中的一部分，並提供飼養的鹿隻，讓哈維從事動物生育方面的研究。

西元一六五一年，哈維再度發表著作《動物的生育》，這是他根據八十多種動物實驗後的心得，歸納出一些生育學理的結論。例如他在書中提到胚胎組織的理論，認為哺乳類動物的胚胎在母體中已經成形，器官結構十分完整，只是因為體積太小而不容易被發覺，所以需要時間慢慢發育，成熟後才能由母體產出獨立存活，這種說法開啟了「胚胎學」的先聲，對研究生殖學很有助益。今天用超音波、內視鏡等精密的儀器診察後發現，哈維的論斷是絕對正確的。

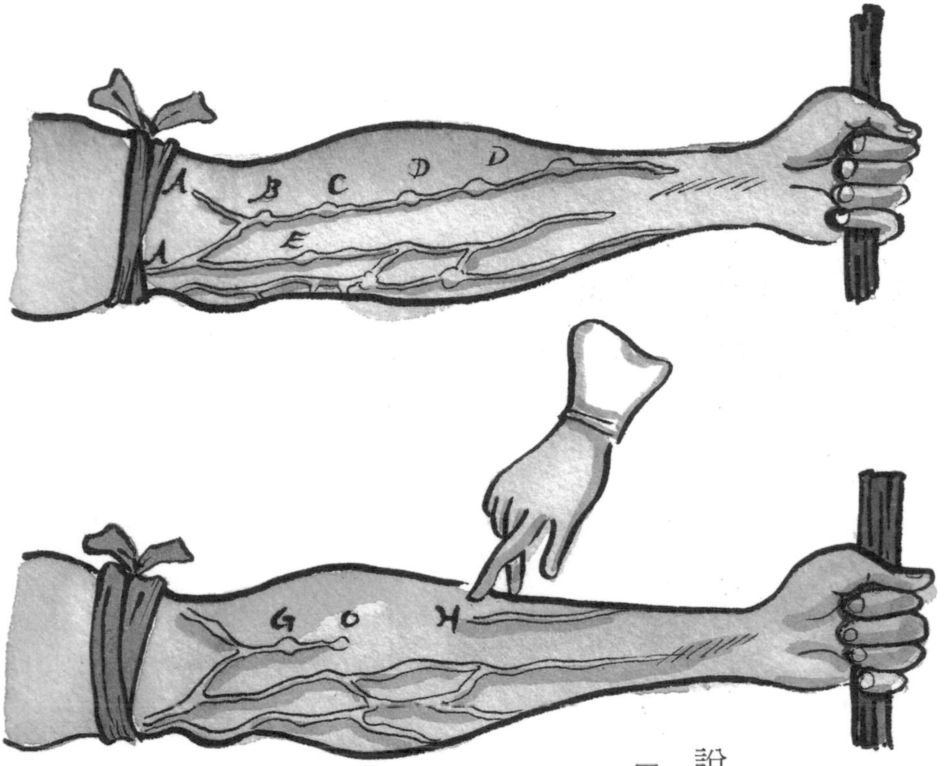

哈維婚後並無子嗣，便把學生視為家人，他經常以學長培根的例子自勉，也鼓勵學生認真的追求真理，他說：「培根六十多歲體弱多病時，還不畏風雪嚴寒，一個人待在雪地裡做實驗，為的是追求正確答案，冰雪究竟可不可以防止肉類的腐敗。結果受了風寒一病不起，在西元一六二六年去世，我跟他比起來實在是幸運太多了！」

哈維在西元一六五七年去世，他畢生從事醫學研究，以科學實驗的方式取得論證，這種尊重真相的研究態度，對後世的科學家深具啟發性，甚至還有人將他比喻成醫學界的大偵探呢！

雪濃瑟堡的故事

丈夫迷戀戴安娜而冷落她，又把雪濃瑟堡送給心上人，凱薩琳實在嚥不下這口氣。

春暖花開的三月天，年輕的法國國王亨利二世來到綠蔭深處的雪濃瑟堡，只為了和美麗的戴安娜夫人相見。當年是在亨利二世還身為王儲時，在一場宮廷舞會中和戴安娜夫人一見鍾情。後來他登上王位，不顧妻子凱薩琳和大臣們的反對，立即把夙有「堡中之后」美名的雪濃瑟堡贈給了戴安娜，此舉讓凱薩琳皇后心中充滿嫉妒與不滿。

位於羅亞爾河畔的雪濃瑟堡原是一座軍事城堡，十五世紀末，由當時諾曼第財政大臣買下重建，受到文藝復興的影響，雪濃瑟堡充滿義大利的建築風格，優美典雅的造型獨樹一幟。戴安娜夫人住進來後又重新布置，還在堡前建了美麗的戴安娜花園，及堡後六十公尺的跨河長橋，雪濃瑟堡的浪漫聲名因而遠播。

此時，亨利二世和戴安娜夫人佇立在長橋上賞景，橋下流水潺潺，兩人情話綿綿，接著兩人又去參觀堡內的廚房。雪濃瑟堡的廚房可不在堡內，而是在他們佇立橋下巨大的橋墩裡。遠處有一艘船，堡中用品都是從那兒運來的……。在亨利二世的驚喜及戴安娜的輕顰淺笑裡，遠在巴黎的凱薩琳皇后孤零零的在宮中獨處，她似乎早就被國王遺忘了。

楓丹白露宮中，凱薩琳皇后獨立窗前，心情十分低落，丈夫迷戀戴安娜而冷落她，

又把雪濃瑟堡送給心上人，凱薩琳實在嚥不下這口氣。

這位凱薩琳皇后是個才女，她出生才三個星期，父母相繼過世，便由教皇叔叔將她帶回教廷撫養長大，接受完善的教育。

凱薩琳精通多國語言，上通天文，下知地理，更擅長複雜的政治學。十四歲嫁給亨利王子時，含蓄內斂的氣質，以及對文藝的品味和獨到的見識，深獲法國宮廷的讚賞和喜愛，但如今國王另結新歡，放縱的行為傷透了皇后的心！

一場亨利二世在比武中喪生的突發意外，讓凱薩琳皇后可以提前出了這口怨氣。

凱薩琳的兒子法蘭西斯二世繼位，她以母后的地位攝政。當戴安娜還深陷國王猝逝的悲痛時，皇后的使者已經來到雪濃瑟堡，下旨將戴安娜趕出城堡，悲傷的戴安娜坐上馬車，消失在沉沉的暮色裡。

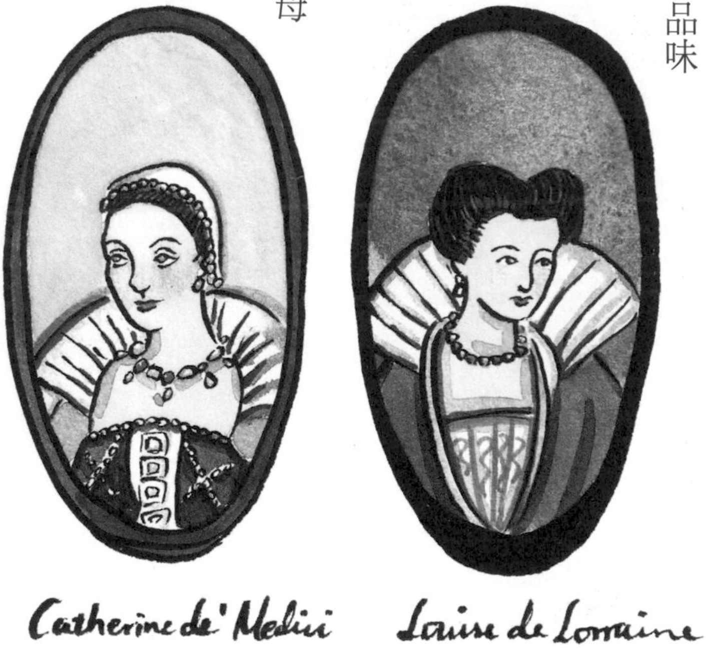

凱薩琳把情敵趕出了雪濃瑟堡，為了顯示她更優越的文藝修養，她在戴安娜花園的對面修建了凱薩琳花園，並在堡後的長橋上蓋出兩層長廊，把露天長橋變成長形大廳。經過整建，雪濃瑟堡更顯得雍容華貴，成為當時貴族們聚會的場所，許多大典和婚禮都在這兒舉行。雪濃瑟堡的繁華顯示出凱薩琳時代的興盛，卻也是瓦洛王朝衰落的開始。

Diane de Poitiers

經歷了英法百年戰爭，義大利和神聖羅馬帝國數十年之戰，法國勢力已經開始走下坡了。此外，國內新舊教徒的衝突日趨激烈，凱薩琳完全無法控制，但迷信的她卻聽信星相師的擺布，甚至連國家重大的決議，都要請示星相師才能決定。

無論凱薩琳的政績功過如何，她前後輔佐了三個兒子執政，在法國文藝復興的風潮裡扮演了關鍵性的角色。除了她本身的教養和品味是當時貴族們模仿的對象外，凱薩琳還從米蘭引進香水、冰淇淋、義大利麵；也鼓勵使用刀叉，讓法國脫離中世紀以來，雙手用餐的不雅習慣。同時從義大利邀請學者、藝術家、詩人到法國，使發源於義大利的文藝復興運動，在法國蔚為風潮，為法國文藝注入強大的動力。

激烈的宗教內戰延續了三十多年，凱薩琳也成了七十歲的老婦人，長年的病痛侵蝕了她的健康，臨終之前，把她最喜愛的雪濃瑟堡贈給她的兒媳——三兒子亨利三世才貌雙全的路薏絲皇后。

路薏絲皇后的婚姻從一開始就注定是一場悲劇。儘管丈夫並不愛她，她仍一片癡情的等待丈夫回頭；但凱薩琳母后死後不及一年，亨利三世也因宗教衝突而被暗殺身亡，由於他膝下無子，乃由出自波旁家族的表弟——新教領袖亨利四世繼位，結束了歷時兩百年的瓦洛王朝。後來亨利四世頒佈《南特詔書》，宣布天主教為國教，卻又承認新教信仰的自由，歷經數十年的宗教戰爭終於結束了。

至於傷心的路薏絲呢？她一直隱居在雪濃瑟堡，把自己房間的牆壁全部改成黑色，上面畫著銀白色的小圓點，就像她流不盡的點點淚珠。此外，屋內掛著象徵孀寡的繩結、荊棘編織的刺冠，在在讓人感受到她心中無限的傷悲；路薏絲長年身穿白衣，寂寞的在堡中度過十一年而去世。

歷史的長河淘盡無數風流人物，戴安娜的嬌美、凱薩琳的才華、路薏絲的癡情，都已隨風而逝，只留下法國南部的雪濃瑟堡，風華依舊的供後人鑑賞！

夢幻城堡

香波堡

這裡森林遼闊、河水清澈、天空蔚藍，
正符合夢幻城堡的特質，
我要讓它驚艷全歐洲。

穿過法國羅亞爾河畔茂密的森林，出現一座雄偉瑰麗的城堡，使人彷彿走入童話世界。這就是素有「城堡之王」美譽的香波堡。它可是和長達六十五年的義大利戰爭息息相關。

在這場漫長的戰爭中，軍人、信使、商人、貴族來往於法、義之間，把義大利文藝復興運動傳入法國，並在皇室貴族間蔚為風尚，其中最熱中的，就是法王法蘭西斯一世。

法蘭西斯一世為了湔雪前恥，派大軍攻打義大利，在馬里雍一役取得重大勝利，此後法軍占領米蘭長達六年之久。

法蘭西斯一世受母親的影響，從小就特別熱愛義大利的藝術。他大量而有系統的收集各類藝術品，如今楓丹白露宮和羅浮宮中豐富的典藏，大多是他所奠下的基礎。

統治米蘭期間，法蘭西斯誠心邀請藝術大師達文西到法國安度優渥的晚年。影響所及，藝壇其他頂尖的人物相繼前來，使巴黎展現出人文薈萃的風華。法蘭西斯一世又從義大利的古典藝術中採取精華，一一展現在不同的領域，而香波堡正是此期的代表作。

在馬里雍大勝之後，法國的聲勢如日中天，法蘭西斯一世決定興建一座空前雄偉的城堡，來表彰自己的成就，而設計者就是達文西。可惜，達文西等不及工程完成就去世了。

香波堡在達文西死後四個月開始動工，法蘭西斯一世為了貫徹達文西的構想，特別聘請義大利建築師來設計，可是堡址卻遲遲不能決定。有一天，法蘭西斯一世進入皇家行獵的香波森林，看見在茂林深處有一座小小城堡。法蘭西斯一世馬上決定香波堡就建在這裡。「可是，陛下，這兒是布羅瓦伯爵的城堡……」法蘭西斯一世揮揮手說：「把它全部拆掉！這裡森林遼闊、河水清澈、天空蔚藍，正符合夢幻城堡的特質，我要讓它驚艷全歐洲。」

光是拆除舊城堡和整治沼澤地，就耗費了許多時間，更不幸的是，法蘭西斯一世在義大利兵敗被俘，建堡工程因而停頓了兩年多。後來雖然動用了一千八百多名工匠趕工，僅僅主塔部分就花了整整二十年才竣工啟用。

香波堡主塔啟用後的第一件大事，就是接待神聖羅馬帝國的皇帝查理五世。法蘭西斯一世為了炫耀國力的強盛，遠從巴黎運來珍貴的壁畫、壁毯和家具，並在堡內燃燒香木，以鮮花香草布置得花團錦簇。當查理五世踏入香波堡時，驚讚的說：「這真是人類所能創造的最佳奇蹟了！」法蘭西斯一世聽後朗聲大笑，得意之情不可言喻。

一五四五年二月，法蘭西斯一世最後來到香波堡時，主塔東側的國王寢宮已經完成。可惜不久之後法蘭西斯一世去世，未能看到他的夢幻城堡全部完工。而香波堡尚未完成的工程，也在西元一五四八年後完全中斷停建。西元一五八九年，沒有子嗣的亨利三世被刺身亡，由表弟波旁家族的新教領袖

亨利四世繼位，結束了兩百多年的瓦洛王朝。

香波堡曾經風光一時的主塔也因此而荒廢，香波森林的路上不再有高車駟馬的呼嘯，大廳上也看不到華燈萬盞、衣香鬢影的人群，只剩下一片荒煙蔓草。

一百年過去了，一六六〇年七月，波旁王朝的太陽王路易十四在狩獵途中來到香波堡。他環視城堡四周，雖經長期的風雨摧殘，仍難掩香波堡的華麗壯觀。太陽王由衷的讚歎，並轉頭交代他的弟弟負責完成香波堡；西元一六八五年，香波堡終於完工了。從西元一五一九年開工算來，歷時一百六十餘年香波堡才竣工，真是空前絕後的紀錄。

香波堡長一百五十公尺，寬一百一十七公尺，內部有七十七座樓梯，四百四十個房間，和二百六十一座壁爐，足見其工程之浩大。但最讓人歎為觀止的，是它融合了義大利文藝復興與法國傳統建築所表現出來的夢幻風格，在廣大茂密的森林中，華麗的香波堡的確令人目眩神迷，如入夢境。

興建香波堡的國王法蘭西斯一世在政治與戰爭的得失間，仍然心繫於文藝內涵，他不僅將這種風尚散播在皇室貴族間，更為法國的藝術奠定了基礎。雖然他的治國才能平庸，也無傲人戰功，但卻讓藝術種子在法國發芽茁壯，使巴黎成為歐洲的「文藝之都」，歷經數百年而不墜，他被稱之為「法蘭西文藝復興之父」，可說是實至名歸了。

凡爾賽宮傳奇

爲了展現王者威儀，
路易十四耗資數千萬法郎，
擴建占地一萬五千英畝的凡爾賽宮。

西元一九一八年十一月十一日上午十一時，和平鐘聲響起，第一次世界大戰結束了，勝利的各國展開一連串會談，在五個月之中，開了一千六百多次會議，而會議的地點，就是法國巴黎的凡爾賽宮。

路易十三時代的凡爾賽宮，只不過是個小城堡，對於二十出頭的年輕國王而言，他一心寄望往後能再擴建凡爾賽宮；只是，路易十三萬萬沒想到，自己只活到三十三歲，短暫的一生，留下太多遺憾。

路易十三的遺憾之一，便是年幼的兒子五歲即位，他就是路易十四，當時正是一六四三年。比起當年路易十三以九歲即位的懵懂，路易十四更顯得徬徨無依，國內的財政紊亂，對外的三十年戰爭陷於膠著，而貴族們個個囂張跋扈，似乎不把五歲的小國王放在眼裡。路易十四坐上國王的寶座，頭戴皇冠，手持權杖，但瘦小的身軀顯得弱不禁風，根本無法彰顯帝王的尊榮，反而流露出一絲悲涼。

上朝時，大臣、貴族們交頭接耳、竊竊私語，國王的威嚴蕩然無存。路易十四強忍淚水，他心中暗下決定：「我一定要成為一個不可一世的國王，建立不朽的豐功偉業，讓所有的人敬畏我！」

幸運的是，路易十四得到一位能幹的宰相馬薩林，他忠心耿耿的輔佐路易十四，教導他如何撰寫諭令、商討國家大事，展現國王的威儀；另一方面，馬薩林亦師亦友，在路易十四孤寂的童年，陪伴著年幼的國王成長，呵護他脆弱的心靈。

「啟稟陛下，送審巴黎最高法院的文件遭駁回，您必須親自前往，向法官們說明現在，請陛下隨臣背誦這些法令內容。」馬薩林必恭必敬的說。「我不要背！你去就好了，別來煩我。」路易十四大聲抗議。

可是，馬薩林不疾不徐的繼續解說：「陛下有所不知，依照規定，只有國王有資格向法官們解釋，微臣只能陪伴陛下到門口，所以，您必須熟記法令條文，才能對答如流啊！」於是，馬薩林苦口婆心的教，路易十四逐字逐句的背，這幕辛酸的鬧劇，一次次在巴黎最高法院上演，面對那些貴族法官的刁難，路易十四縱使吃盡苦頭，背得結結巴巴，但他抬頭挺胸，從未折損國王的尊榮。

LOUIS GRAND ROY DE FRANCE ET DE NAVARRE NE EN 1638 ET MORT 1715

所以，他下定決心日後一定要裁撤巴黎最高法院，使國王的命令可以不受審核而直接公布，更要好好整治那批囂張的貴族，讓他們成為國王的僕役！

一六六一年馬薩林去世，路易十四已經長大成人，有能力親掌大權而不再假手他人，於是，他廢除了巴黎最高法院的行政干預權，甚至不設宰相，所有政務官都必須奉行國王的命令。路易十四的絕對專制作風，被人稱為「大君主」，而他更自豪的表示：「天上唯一是太陽，地下唯一便是我：太陽王。」

為了展現王者威儀，路易十四耗資數千萬法郎，擴建占地一萬五千英畝的凡爾賽宮，更是路易十四炫耀威風的舞台。

路易十四小時候，常跟隨父王在凡爾賽狩獵，他喜愛這片美景，從一六六一年開始擴建，二十一年後，路易十四率領皇族、貴族等兩萬多人，遷入凡爾賽宮，開始沉迷在豪奢的享樂中。

凡爾賽宮共有七百多個房間，花園裡由一條一千六百五十公尺長的人工運河穿梭，營造出數十個不同造型的噴泉、小溪和湖泊。路易十四在凡爾賽宮中遊樂、設宴，他每餐要耗費上百道菜餚，此時，貴族也加入服侍的行列，面對「太陽王」的丰采，狂妄的貴族個個顯得服貼恭順，把服侍國王的機會看成是莫大的榮譽；貴族的夫人們，則忙著對皇后獻殷勤，不時的進貢香水、珠寶、化妝品，在競相爭妍鬥豔的風氣下，使巴黎成為引領世界流行的先驅數百年。而路易十四本人，因為身高只有一百六十公分，便踩起高跟鞋，頭戴蓬鬆假髮，裝扮之講究絲毫不輸皇后。據說，愛美的他，曾為了挑選假髮而引發重感冒呢！

路易十四在一七一五年去世，他的繼承者路易十五、路易十六浸淫享樂，根本不了解凡爾賽宮以外人民的疾苦，路易十六的皇后瑪麗安多妮特，竟在宮中的花園和許多貴族婦女，裝扮成鄉村農婦，玩起耕種的遊戲，她們不知道真正的平民百姓，已被貪官污吏和苛捐雜稅逼得走投無路、家破人亡了。

一七八九年，法國大革命爆發，人民衝進凡爾賽宮，強行押走國王路易十六，更把宮中珍寶洗劫一空。

一八七一年，德國的威廉一世，更打敗法國，占領巴黎，在凡爾賽宮中最富麗堂皇的「鏡廳」宣布成立「德意志帝國」，

法國人把這件事視為奇恥大辱，矢志復仇。到了第一次世界大戰結束，也就是一九一九年初，就在同樣的地點──鏡廳，德國被迫簽下苛刻的凡爾賽條約，法國趾高氣揚的以戰勝國姿態主導一切，甚至逼使德國把中國的山東割讓給日本，使中國無端受辱。

三百年過去了，昔日風流富貴已成過眼雲煙，凡爾賽宮繁華落盡，但仍屹立在風中，孤獨的訴說著往日滄桑。

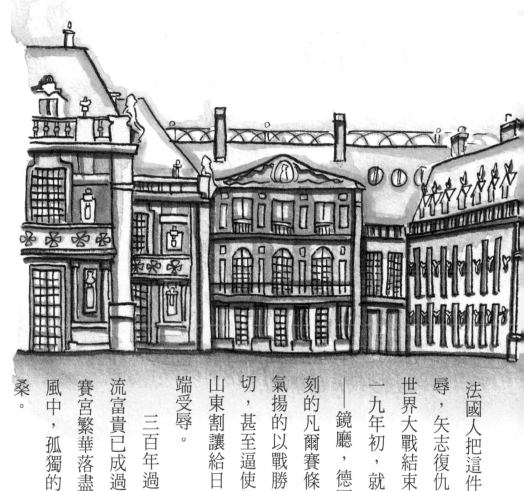

文武雙全的

彼得大帝

彼得是俄國最了不起的統治者，
人民尊稱他爲「彼得大帝」
或是「國父」。

西元一六七二年出生的彼得，是沙皇阿歷修士第二任妻子所生的孩子。因為阿歷修士的前妻曾生下兩位王子和公主，所以彼得的出世，並沒有得到父親的重視，對於作風傳統而保守的宮廷來說，彼得母親的身分不高，連帶影響了彼得的地位，這對襁褓中的小彼得而言，實在是有欠公平。

令人驚奇的是，彼得從小便是個與眾不同的孩子，若和同父異母的眾家兄姐相比，更凸顯出他的資質聰慧、反應敏捷，而且相貌堂堂，所以彼得最能得到父親的寵愛，也因此扭轉了他和母親備受冷落的處境。只不過，依照繼承王位的順序看來，彼得的排序遠遠落於人後，這的確是一件令人遺憾的事。「這個孩子聰明伶俐，是個可造之材，但我卻不能傳位給他，真是令人傷感啊！」阿歷修士為了避免引起兄弟鬩牆的悲劇，只能依照順序將王位傳給彼得的兩位哥哥，但是，這兩位王子一個是體弱多病，另一個則是癡呆愚笨，絕對不是棟樑之材，一想到這些煩心的國事家事，阿歷修士不由得感慨萬千。

彼得四歲的時候，阿歷修士去世了，王位先由大哥繼承；短短六年，大哥也去世了，王位轉由二哥伊凡五世承繼。由於伊凡的資質實在太過愚昧，皇室便安排彼得和哥哥一起執政，彼得因此被稱為彼得一世，成了年僅十歲的小沙皇，而一場充滿殺氣的宮廷內鬥，正橫亙在彼得母子的面前。

「媽媽，我不要和伊凡一起當政，你看看他究竟會做什麼，簡直像個呆子一樣。」彼得在自己母親面前，毫不保留的傾訴委屈，因為哥哥的能力的確比他差太多了。可是，母親總是慈祥的勸慰他：「孩子，不可以這麼批評哥哥，別忘了，你們還有姐姐輔助呢！」

一提到姐姐蘇菲亞公主，彼得的委屈就更多了，這個姐姐比彼得年長十五歲，和彼得是同父異母的血緣關係，和伊凡倒是同父同母手足情深，所以，她一方面維護自家兄弟伊凡，一方面藉由伊凡的無知無能，讓自己大權獨攬而稱霸王廷，蘇菲亞公主對彼得母子的威脅，遠遠超過幼稚的伊凡。

彼得和伊凡的就職大典剛過沒幾天，蘇菲亞立即發動政變，殺了擁護彼得的一些貴族、大臣，然後把彼得母子趕出皇宮，從此彼得便和母親躲在鄉下，過著清貧淒苦的日子。

彼得母子在鄉下的日子仍然不得安寧，因為野心勃勃的蘇菲亞一心要置彼得於死地，她才肯放手罷休。她在西元一六八九年策動了一次暗殺行動，想要除掉彼得母子，幸好此一計畫被一些忠於彼得的禁衛軍得知，他們及時通知彼得母子，才讓他們躲過一劫。此舉充分顯示了蘇菲亞的專擅囂張，致使許多原來就厭惡蘇菲亞的貴族起來勤王，連軍隊裡都有不少人決定背叛蘇菲亞。於是，暫時躲在修道院裡的彼得眼見時機成熟，就率領這批忠貞的「勤王軍」衝進莫斯科，逼迫蘇菲亞交出政權，大勢已去的蘇菲亞只好遠離王廷，再也無法威脅彼得了。

彼得的母親終於熬出頭了，她暫代朝政，讓彼得可以無拘無束的學習，甚至遨遊四海。因為彼得的個性瀟灑不拘，興趣廣泛又精力無窮，他是個天生的運動健將，也是個細心的藝術家，他會雕刻、懂音樂、愛繪畫，甚至連女生的手工藝也難不倒他，對於這個多才多藝又活潑好動的兒子，母親還真是既驕傲又操心。

有一次，彼得駕著自製的木船，和同伴們出海探險，結果遇上暴風雨幾乎溺斃，還好彼得的泳技高超，竟然僥倖不死，不過卻把母親給嚇壞了：「孩子，你不要只知冒險，身為皇室成員，總該有點分寸吧！」「就因為我是皇室成員，才想多學多嘗試啊！媽媽，你不覺得我們的國家太過保守了嗎？若和西歐的英法等國相比，我們該改進的地方太多了，真希望能有機會親自去看看，才能取他人之長而改己之短。」不滿二十的彼得已經有了雄心壯志，更將國家興亡視為己任。

西元一六九四年彼得的母親病故，兩年後伊凡也去世了，彼得正式親政，成為國家至高無上的統治者。但是，登基的榮耀並未讓彼得迷惑，他一改過去玩世不恭的心態，反而變得認真嚴肅，因為他明白自己肩上的責任，國家社會人民的前景就看他如何治理了。

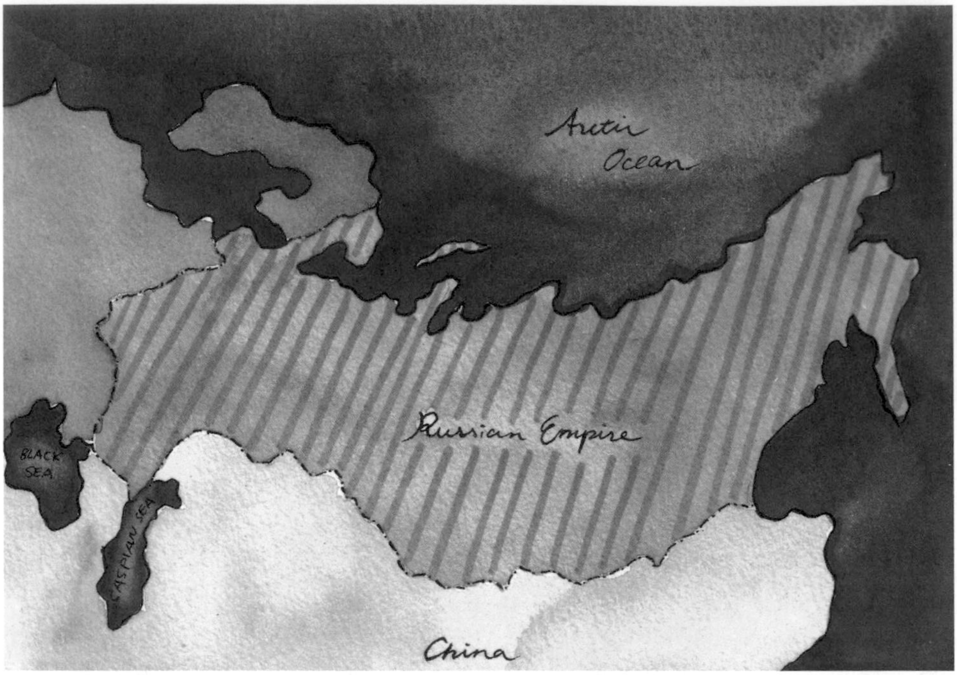

彼得在西元一六九七年組織了龐大的使節團，前往西歐各國參訪。為了真實的探訪民情，了解各國的狀況，彼得掩藏了沙皇的身分，而用「邁克海洛夫」的假名，以水手的身分隨團出發。

彼得努力研究西歐各國進步的原因，積極學習各項知識和技能，例如他親自在普魯士學習製砲的技術、在荷蘭學造船、在威尼斯學航海。當然，他從未放棄自己所愛好的藝術，現在還加上對醫學的好奇，彼得求知慾的強烈程度，讓許多人都自嘆弗如。

回國後的彼得以「西化政策」大力推行改革，務必使俄國能迅速進步，追趕上西歐的先進國家。他整軍備戰、改組政府、強化官吏效能、重劃行政區域、提升工商業發展並積極的培育人才，也號召各國學者專家前往俄國服務，所以，俄國人不得不承認：「沙皇是全國工作最認真的人。」

事必躬親的彼得還注意到人民的生活細節，他認為俄國的傳統習俗過於保守，而必須加以革新。例如他鼓勵大家效法西方人的習慣飲用咖啡，又要求男生不得蓄留長鬚，以加強衛生習慣，而女生則不能受限於家庭，必須多參加社交活動，才能對社會有具體的貢獻。彼得經常巡訪各地，了解民間疾苦，還和農奴一起下田耕作話家常。彼得的英明領導，的確為俄國建立富強的基礎。

彼得多次對外發動戰爭，從瑞典手中得到芬蘭南部、愛沙尼亞、拉脫維亞等地；又在中國黑龍江一帶製造動亂，逼得清廷與俄國訂約，讓俄國平白得到西伯利亞的大片土地；彼得還透過航海發現，將阿拉斯加和附近島嶼占為己有，並在波羅的海建立新的城市「聖彼得堡」（後曾改名為列寧格勒），使之成為帝國新的行政中心。

彼得是俄國最了不起的統治者，人民尊稱他為「彼得大帝」或是「國父」。有趣的是，自認為是全才的彼得在百忙之餘，還有空為臣民拔牙治病，真是令人嘆為觀止。彼得在一七二五年去世，遺憾的是，因為兒子曾經意圖謀反，竟被專制的父親下令處死，導致王位後繼無人，這恐怕是聰明一世的彼得所始料未及啊！

英國的

光榮革命

革命後，國王不再專制，
更樹立了良好的民主模式，
成為日後所有君主立憲國家的好榜樣。

發生在十七世紀的兩次英國革命，被視為是近代史上重要的大事，因而建立了完善的議會政治體系和責任內閣制，使國王成為全國人民的精神領袖，卻再也無法專制獨裁，這種「虛位元首」的典範，一直影響至今。

終身未婚的英國女王伊莉莎白一世在一六○三年去世，因為沒有子嗣繼位，基於血統考量，蘇格蘭國王詹姆士一世便入主英國。他被人民戲稱為是「基督教世界最聰明的傻瓜」。他堅信「君權神授」的理論，為了樹立國王的專制而任意胡做非為。

詹姆士一世的生活奢侈，揮霍無度，導致國家的財源短缺，最後竟以出賣爵位、提高稅捐的手段來籌措經費，結果引來國會抗爭，但是他卻下令解散國會，並且逮捕了批評他的國會議員。

詹姆士的獨斷獨行，讓一些「清教徒」不堪壓迫，紛紛乘船遠走他鄉，渡過大西洋到了北美洲，這批人就是美國最早的移民。

一六二五年當詹姆士一世去世時，大家不悲反喜，朝野大臣都鬆了一口氣，大家將希望寄託在接任的查理一世身上。

光就儀表和氣質而言，查理一世顯得雍容英挺，和其貌不揚又邋遢瘦弱的父親詹姆士相比，查理一世的確讓人眼睛為之一亮。不過，看起來年輕有為的查理一世，專制迂腐甚至比他父親更嚴重。例如：他為了向人民徵稅，不惜先與國會妥協簽下雙方必須遵守的協議，但事後卻毫無預警的毀約，甚至蠻橫的解散國會長達十一年，讓全民大失所望。「這個人簡直是虛有其表！」「豈止如此，他比先王還囂張，虧他長得是一表人才。」大家議論紛紛，表達心中的不滿。

當時的英國人民必須承受各種沉重的捐稅負擔，還要面對國家的財政危機，大家氣憤填膺，因為王室和貴族依舊過得很奢華，並沒有體恤人民的艱苦；更令人為之氣結的是，為了解決財政危機，查理一世把鹽、鐵、酒、肥皂等民生必需品的專賣權出售給某些特定人士，以換取宮廷獨享的利潤，這種毫不遮掩的貪婪做法，當然遭受眾人的批評。查理一世的囂張行徑還不止於此，他選派親信出任各級法官，以掌控全國的司法權，而且他的宗教信仰偏向舊教天主教，還限制其他教派的活動，這對堅持宗教自由的英國人來說，更是難以容忍。

「先王亨利八世創設了英國國教派，我們也算是正宗的新教國家，怎麼能容忍信仰自由被抹滅？」新教教派的信徒們再也無法容忍了。

一六四四年，查理一世蠻橫的行為終於引起內戰，擁護他的派系戰敗，結果由「清教徒」的領袖克倫威爾得到政權。

作惡多端的查理一世在一六四九年被國會判處死刑，這就是英國歷史上著名的「清教徒革命」。

滴酒不沾、生活嚴謹的克倫威爾成為英國的「護國主」，執政期間克勤克儉，振興工商業，讓英國的風氣為之一新。但當他在一六五八年去世時，由於兒子缺乏治國才能，國會迎回了流亡在外的查理二世，算是一次成功的「復辟」。

為了避免重蹈父親的覆轍，查理二世安分謹慎的處理國政，不過，他的思想仍然崇尚專制權威，他在一六八五年去世時，把這種思想留給繼位的弟弟詹姆士二世，不幸再度引發問題。

「國王堅持舊教天主教的信仰，對其他教派很不友善。」「他的態度孤傲，不好溝通，不是個英明的君主。但是，國內才剛剛經歷了一場革命動亂，總不能再度爆發衝突

吧！」一片長吁短歎中，充分顯露出大家的不滿。

「流血衝突能免則免，國王年紀大了，健康情況也不好，改朝換代是遲早的事，大家先忍忍吧！」從大家毫不留情的批評看來，朝野雙方對詹姆士二世都沒好感，甚至巴不得他早日歸天，以便將王位移轉給眾望所歸的人選。

詹姆士二世只有兩個女兒，兩位公主知書達理，思想開明，完全不像父親的守舊固執。大公主瑪麗嫁給荷蘭王子威廉；小公主安妮則嫁入丹麥宮廷，這兩對年輕夫妻堪稱是青年才俊，將來不論誰繼承王位，必定是英國之福。

令人意外的是，詹姆士二世的皇后在一六八八年生了一個兒子，小王子的誕生，意味著兩位遠嫁國外的公主將失去王位繼承權，

讓久候政權轉移的英國人很失望。「王子的誕生讓大家不喜反憂，這真是千古奇事啊！」後世的歷史學家如此評論著。

一六八九年的六月，當小王子還沒滿月，英國各界領袖連署簽名了一封邀請函，由海軍總司令呈交給荷蘭王子威廉，請他和瑪麗公主率軍前來英國，解除英國人民的痛苦。

經過審慎的考慮，威廉接受了這項邀請，同年登基為英王。他的岳父詹姆士二世，則在眾叛親離下倉皇失措的出國逃亡，跑到表哥法王路易十四的凡爾賽宮度過餘年。

這次的政權轉移不僅沒發生流血衝突，正式登基為王的威廉也十分配合國會的要求，他親筆簽署了《權利法案》，將王權做了極大的限制，英國人將此次革命稱為「光榮革命」。

「光榮革命」後的英國國王權力大減，未經國會的同意，甚至不能徵收稅捐、不能創制或廢止法律、不能組織軍隊發動戰爭，當然更不能夠解散國會，國會議員還享有充分的言論自由，國會成為最高的立法機構，權限幾乎超越國王，再搭配責任內閣制實際地治理國家，不僅國王不再專制，更樹立了良好的民主模式，成為日後所有君主立憲國家的好榜樣。

啟蒙時代思想家

伏爾泰

他的作品道出法國人民的心聲，每一齣戲都造成轟動，可惜都演不過三天，因爲激怒政府而遭禁演。

十七世紀的歐洲君主以「朕即國家」、「國王權力來自神的授予」等理論，進行絕對專制的統治，人民只能服從而不得稍有異議。但是，一些深具人文關懷的學者開始懷疑：「如果國王犯錯危及眾人福祉，那該怎麼辦？」「國家的目的不是保障人民權益嗎？只是要求人民服從，這樣合理嗎？」這些學者被稱為「啟蒙思想」家，伏爾泰和狄德羅就是其中頗具盛名的兩人。

伏爾泰在西元一六九四年出生於巴黎，父親是個小有名氣的律師，他非常重視孩子的教育，對伏爾泰寄予厚望，讓他多方面的學習，小小年紀的伏爾泰記憶力超強，三歲就會背誦完整的古詩，凸顯出對文學的熱愛，不過，他對法律、科學似乎是興趣缺缺，還公開對父親表示將來想成為作家，惹得父親極為不滿：「開什麼玩笑！寫些不值錢的東西一文不名，哪有什麼前途？」「孩子還小，你何必跟他認真呢？」伏爾泰的母親總是慈祥的替他說話。

可是，伏爾泰七歲時母親去世，此後他便在嚴父的教導下成長，二十歲不到就被安排進入律師事務所工作。「無聊！」伏爾泰翻閱成堆的訴訟案件，覺得索然無味，他埋首寫作，發表許多散文及劇本，以幽默的文筆，諷刺當時法國宮廷的腐敗、政府的無能，贏得廣大的迴響。

伏爾泰的作品道出法國人民的心聲，他編寫的每一齣戲劇都造成轟動，劇院內擠得是水泄不通，外界的輿論也是佳評如潮，可惜每齣戲演不過三天，最後總是遭遇相同的命運，那就是因為激怒了政府而遭禁演。

無情的打壓反而讓伏爾泰享有盛名，這時候他還不到三十歲，已經是家喻戶曉的劇作家，可是父親擔憂不已：「你在民眾間雖然廣獲支持，但你敵得過國王的權威嗎？」父親的話果然應驗了，法國政府將伏爾泰押入大牢，一年後才將他釋放，伏爾泰決定遠走他鄉，暫避到英國。

伏爾泰在英國見識到民主政治的可貴，相較於自己國家的專制保守，伏爾泰不勝唏噓：「英、法兩國僅是一海之隔，但國王施政的理念不同，人民所受的福祉不同，兩國的命運實在是差太多了。」伏爾泰開始學習英文，研究人權學說，熟讀牛頓和莎士比亞的作品。一七四三年他重返巴黎，發表一系列的作品，成為法國啟蒙思想運動的引領者。

「我不同意你所說的話，但是我絕對支持你有說話的權利。」伏爾泰教導民眾言論自由的重要，而不是逆來順受。「政府有缺失就要批評，即使是國王也逃不過正義公理的論斷，大家不要屈服在專制權威下。」

伏爾泰的作為讓國王和官員氣急敗壞，礙於他已經名滿天下，只好把他驅逐出境，伏爾泰暫時隱居鄉下，專心的鑽研文學和哲學，並用小說和論文的筆觸表達心聲，還誠懇的書寫信函，向各國君主介紹民主政治的真諦，其中尤以俄國的凱薩琳女皇對他最為欣賞，不僅回信給伏爾泰，還互相討論治國之道，被稱為是「開明專制」的典範。

另一個對伏爾泰大為欽佩的，則是普魯士的國王腓特烈大帝，他看到伏爾泰流落鄉間，便誠懇的提出邀請，邀伏爾泰前來宮中作客。

成為普魯士皇宮的貴賓，伏爾泰度過一段安逸的日子，不過，腓特烈大帝厲行軍國主義，這讓伏爾泰十分反感。「國家的責任是保護人民，而不是不斷的發動戰爭造成動盪不安、民不聊生。」三年後，伏爾泰離開普魯士再回到鄉下，埋首寫作尋求慰藉。

「即使無法立刻改變現狀，但是我要用寫作的力量告訴世人，應該尊重人權，並抗拒不合理的威權統治。」

伏爾泰以小說、史詩、論文、劇本等不同形式的作品，啟發歐洲人的思想，他反對宗教迫害，更為了拯救那些蒙受冤屈的被害者，他重新鑽研過去所厭煩的法學領域，了解法庭規定、審判程序等細節，以便保障被告的權益。伏爾泰對中國的孔子特別尊崇，他有感而發：「因為孔子是以道德服人，而不靠權威樹立個人崇拜。」

西元一七七八年伏爾泰獲准重返巴黎，當他面對群眾的掌聲和歡呼時，不禁感動得熱淚盈眶：「我親愛的同胞，只要我們有理想和信心，一定可以維護人性尊嚴，不受專制統治的凌虐。」除了為民

主政治的奔走努力，伏爾泰也參與百科全書的編著，他要用知識的力量啟發人心，和狄德羅的想法是如出一轍的。

畢業於巴黎大學的狄德羅也是法國人，他在中學的求學階段，就因求知慾強烈而深受老師賞識，長大後果然不負眾望，不到二十歲就拿到碩士學位，從此致力於文史哲多方面的研究。

狄德羅比伏爾泰年輕十多歲，兩人卻有志同道合的理想，那就是用知識啟發民眾的思想，而不是在高壓的專制統治下一味盲從。狄德羅認為知識的領域太廣泛了，但是人類的生命有限，記憶力也會隨著年齡而逐漸衰退，這該如何是好呢？「先哲培根曾告訴我們：『知識即力量』，一點兒也不錯，知識不僅讓我們的舉止更有教養，他還可以改善人類的生活，增進大家的幸福，所以，追求知識並加以保留，就是留給子孫最珍貴的資產。」為了有系統的保存知識，狄德羅想要編纂一套百科全書。

「這談何容易啊？如果只是把知識拼湊起來……」「不！我是有系統的做整理，絕不是東拼西湊，我要讓後人在搜尋知識時不只是方便，還要以正確取勝，所以，我需要大家協助共襄盛舉。」狄德羅向友人介紹自己的計畫。

狄德羅從西元一七五一年開始埋首於百科全書的編纂，光是收集資料就耗費不少功夫，許多學者菁英在狄德羅的感召下也投入這項創舉，伏爾泰正是其中之一。

耗時將近三十年的光陰，百科全書這個大工程在西元一七八〇年有了初步的成果，全書包含七萬兩千個條目、兩千多張附圖，它的全名是《科學藝術及專業知識百科全書》，內容包羅萬象且說明翔實，雖然這是眾人努力的結晶，但狄德羅仍舊贏得「百科全書之父」的美譽，還有人將他稱為是「人類歷史上最偉大的編輯」。

除了狄德羅致力於百科全書的編纂，英國其實也有類似的作品問世，只是編輯群的理念不及狄德羅來得嚴謹，執筆前的考證工作也做得不夠周全，他們搶先在西元一七七一年出版了《大英百科全書》，卻因書中被挑出不少錯誤以致評價不高，這正凸顯出狄德羅、伏爾泰等人的貢獻，他們不只影響人們的思維，還留下具體的文化遺產，令人折服不已。

大器晚成的

腓特烈大帝

國君是否能得到臣民的尊敬，
不在於國王這個稱呼，
而是看他有沒有盡到責任。

普魯士的皇宮內傳來激烈的爭執。

「國王大發雷霆，把王儲罵得一無是處。」「唉！他們父子倆真是的……。」

大臣們面面相覷，誰也不敢入內勸解，因為大家都知道，腓特烈威廉一世的脾氣一發，可真是驚天動地。

腓特烈威廉一世是普魯士的國王，他從一七一三年即位以來，對國家盡心盡力，事必躬親的處理政務。當時的普魯士並非強國，還積欠不少外債，而腓特烈威廉一世的生活儉樸，厲行節約政策，甚至變賣皇宮裡的貴重物品，以清償這些債務。

對於這樣負責認真的好國王，大臣們是由衷的欽佩；不過，國王的個性倔強、脾氣火爆，處理事情時固執又急躁，動不動就勃然大怒，有時還真讓人不敢領教！

在腓特烈威廉一世的眼中，國家興盛的先決條件，是戰鬥力堅強的軍隊，所以他把國家預算的百分之八十，全用在軍事建設。

他對軍隊要求嚴格，訓練認真、裝備精良，連軍人的儀表也馬虎不得。「軍人一站出來就要有雄赳赳、氣昂昂的架式，敵人才能望而生畏；如果連雄壯威武的氣勢都做不到，還想打什麼勝仗？」

腓特烈威廉一世從各地挑選出身材壯碩、身手不凡的勇士，在宮內成立「波茨坦巨人衛隊」，做為各級軍隊的榜樣。腓特烈威廉一世是個很典型的軍人，他喜歡校閱軍隊，對將士們精神訓話，並且督促士兵的操練。「我喜歡軍旅生活，緊張嚴肅的氣氛，讓自己時時有朝氣不懈怠。」腓特烈威廉一世這麼認為。他對文學、藝術和音樂不屑一顧：「這些玩意兒只會使人腐化，精神委靡，簡直是廢物！」

奇怪的是，他的兒子竟然沒有遺傳到這種人格特質。腓特烈威廉一世有六個兒子，老大和老二先後去世，老三腓特烈就成了王位繼承人。

「真是個不長進的東西，整天玩物喪志，將來能有什麼作為？唉！我怎麼會有這種不肖的子孫？」腓特烈威廉一世嘴裡咒罵的，就是王儲腓特烈。

王儲腓特烈的個性溫和，待人有禮，他的興趣廣泛，文學、藝術和運動都是他的愛好。他喜歡聆聽音樂、閱讀書籍、揮筆作畫，也喜歡呼朋引伴的到郊外踏青，或是熱情的邀約大家一起享受美食，但是這些行徑在父親眼裡，簡直是傷風敗俗，不足為取。

「你身為王室成員，只會和狐群狗黨在外廝混，究竟成何體統？況且你還是王儲，整天游手好閒又無所事事，這叫別人如何尊敬你？難道你就找不出一點兒正經事可做嗎？」

「父王，朋友不等於狐群狗黨，人怎能沒有知交好友呢？我從事的活動也不是不正經的事。再說，國家大事都被你處理完了，你叫我每天發呆當傻子嗎？」

「住口！你太大膽了，竟敢頂嘴！」腓特烈威廉一世大聲咆哮，揮起馬鞭就朝兒子一陣亂打，一旁的大臣都嚇得不敢說話，只能眼睜睜的看著王儲被國王亂鞭揮打，身上是傷痕累累。

教訓完兒子，腓特烈威廉一世氣得老淚縱橫，他認定兒子沒出息，不能為國家締造輝煌盛世。而滿腹委屈的腓特烈，則決定走避到英國。

「我是錯生在王室的藝術家，父王不了解我，王儲頭銜只會增加我的痛苦。」但由於事機不密，腓特烈離家出走的計畫被父親知道了，免不了又是一頓責罰，腓特烈還被關了好幾天。

但是，一七四〇年腓特烈威廉一世去世，腓特烈正式登基為王，情況立刻有了改變。

在一連串對外征戰中，腓特烈不僅表現出過人的機智，更以吃苦耐勞的精神，領導將士們度過艱困，為國家爭取最後的勝利。

腓特烈的表現令人刮目相看，但他只是輕描淡寫的表示：「過去我熱中運動，強健了我的體格，並培養出堅定的毅力；我熱愛閱讀，知識讓我的思緒縝密，並冷靜的面對挑戰。」

原來，腓特烈並不是一個缺乏責任感的泛泛之輩，過去他終日無所事事，是因為父親的作風太過強勢，讓他難以發揮。

如今，國家的重責大任已經落在他的肩上，腓特烈告訴自己要全力以赴，做一個稱職的好國王。

腓特烈被人民尊稱「腓特烈大帝」後，責任感更重了，他愛民如子，甚至誠懇的表示：「國王並非是最尊貴專制的主人，應該是全國的第一公僕。」在專制保守的十七、八世紀，這種開明的思想，真是開風氣之先。

腓特烈在國內獎勵農事生產、推動商業復甦、整理田賦增加政府的收入、廣興學校使教育普及、編纂《腓特烈法典》、創立柏林銀行，並大力提倡文藝的發展，培養科學研究的人才，他的用心和努力讓大家不得不佩服，而他寬宏大量的氣度，更超越他父親。

由於腓特烈即位時未滿三十，過去在他父親嚴厲的管教下，似乎讓人覺得腓特烈是個桀驁不馴、玩世不恭的人，朝中老臣並不看好這個年輕的君主，甚至對他多所批評。腓特烈知道以後，並不想找這些人來興師問罪，他平靜的說：「國君是否能得到臣民的尊敬，不在於國王這個稱呼，而是看他有沒有盡到責任。相信在我的任內，大家遲早會明白我所做的努力。」

事實證明，腓特烈多年的努力，為他贏得全國臣民的擁護，那些曾經批評他的人，現在也豎起大拇指說：「先王的成就大家有目共睹，不過，他實在太急躁，手上的馬鞭不只責打太子，連路邊偷懶不幹活的百姓，他也是一陣亂打，還真嚇人呢！」

「是啊！當今聖上可就英明多了，治國、論戰，每一項都不輸先王，又能彰顯出恢弘的氣度，真可說是萬民之福啊！」

大臣的稱讚字字真言，腓特烈大帝被歷史學家稱為「開明專制」的代表，也就是說，他雖然貴為國王，卻願意廣納諫言進行改革，而不是一意孤行，霸道跋扈。

腓特烈大帝在西元一七八六年去世，普魯士在他的統治下近半世紀，由一個不起眼的小國，躋身為歐洲的強國之列。曾經讓父親恨鐵不成鋼的腓特烈大帝，更成為歷史上的傳奇人物。

奧地利「國母」

瑪麗亞德莉莎

她經常巡視各地，了解民間疾苦、關心孩童教育，即使一再懷孕生子，她的勤政愛民絲毫不減。

瑪麗亞・德莉莎是奧地利國王查理六世的第一個孩子，當瑪麗亞三歲時，母親又生了一個可愛的妹妹安娜，一心想有個兒子的查理六世非常失望。

看著一雙可愛的女兒，查理六世驕傲中帶有一絲的惆悵：「雖然你們不是男孩，但我依然深愛你們。」平心而論，查理六世的政治才能有限，治國整軍有些優柔寡斷，所以十八世紀的奧地利國勢一直未達鼎盛。不過，查理六世的確是個慈祥可親的好父親，和睦的家庭氣氛，讓瑪麗亞姊妹從小便培養出人文關懷的情操。

身為長女的瑪麗亞是王位繼承人，她的教育關係著日後的執政能力，可是馬虎不得，但查理六世不希望給孩子太大的壓力，因此，瑪麗亞隨性自在的學習各種學問。她聰明開朗，經常把老師逗得樂開懷。教導瑪麗亞的老師有貴族、教授和教士，但卻沒有軍事專家，唯一的軍事訓練僅限於普通的騎馬術，而教她騎馬的，就是她的初戀情人佛朗思公爵。

瑪麗亞六歲時，佛朗思以洛林公爵的身分造訪奧地利皇宮，十五歲的他外表英俊挺拔，態度謙和有禮，皇室家族對他充滿好感。此後，佛朗思便留在宮中，成了查理六世的小客人。

「下課了，走！我帶你到樹林去。」「我不會騎馬，怎麼去呢？」「我可以教你啊！有我在，你不用害怕。」佛朗思牽著瑪麗亞的手，快樂的走向森林。

他們就這樣一起生活、一起學習，朝夕相處，在歲月的催化中，兩人不知不覺已衍生出一分真誠的感情。

對於女兒的戀情，查理六世是憂喜參半，喜的是佛朗思的確是個優秀青年，憂的是身為王位繼承人的瑪麗亞，似乎應該覓得更有助於國家發展的夫婿。因此，查理六世還是準備以聯姻的方式擴展國力。當瑪麗亞和佛朗思知道後，簡直是青天霹靂，但兩人反而因此許下非對方不嫁不娶的堅定諾言。

佛朗思先以豐厚的聘金，爭取奧地利朝廷的支持，再逐一擺脫歐洲列強對這樁婚事的阻攔。瑪麗亞則是閉關自處，謝絕所有的邀約和宴會，向眾人昭示自己已是情有所鍾。佛朗思和瑪麗亞真心相愛，兩人都願意破除萬難而廝守終生，佛朗思以割地及付款

的方式，逐一擺平所有的是非，終於在一七三六年，瑪麗亞以「全歐洲最幸福新娘」的稱號，嫁給了青梅竹馬的戀人。

瑪麗亞和王夫的感情如膠似漆，她接二連三的懷孕生子。但在西元一七四〇年，當她正懷著第三個孩子時，父王查理六世去世了，瑪麗亞在慌亂和傷心下倉促即位，成為奧地利女王。重大變故使國內流言四起，年僅二十三且懷有身孕的女王超乎人們的想像，以堅毅卓絕的手腕處理政務，她經常在各地巡視，了解民間疾苦、鼓舞軍隊士氣、關心孩童教育，即使一再懷孕生子，她的勤政愛民絲毫不減。

瑪麗亞贏得全國臣民的支持與忠貞，但每當午夜夢迴憶起往事，女王仍淚濕枕巾。因為兩個女兒相繼夭折，而她唯一的親妹妹嫁給佛朗思的弟弟不到一年，也不幸死於難產，更教女王悲不可抑。但身為一國之君的女王必須收拾悲傷，專心執政。她在國內以公平稅制消除階級間的仇恨，並充實府庫收入，她也大力整頓宮廷侍從人員，消弭奢華，減少不必要的開銷。

自古貴族和地主享有特權，使法律條文缺乏統一體系，對抗特權毫無招架之力。瑪麗亞女王設立維也納最高法院，邀集學者專家編纂法典，維護司法公正，另外又成立軍事委員會，強化軍隊操練，並以各級軍校培育軍事人才。

為了確保所有孩童的受教權，女王大力推動國民教育，廣建科學研究機構，並以慈善事業彌補不足。數年之後，歐洲各國不得不對奧地利刮目相看，大家一致認為是經由女王的努力，使奧地利由混亂走向秩序井然，更由落後而邁向進步！

國事之外，瑪麗亞並沒忘記自己為人妻、為人母的職責，她和王夫一共生養了十六名子女，其中六名早逝，其他的孩子則在他們的呵護教養下接受完善的教育，以及人文素養的薰陶。

一七六五年，四十八歲的女王失去摯愛的丈夫，因為高血壓遽逝的佛朗思，來不及見妻子最後一面，更無遺言交代。瑪麗亞數度暈厥，哭倒在丈夫靈前。之後她剪了長髮、取下珠寶，拆掉寢宮裡的華麗裝飾，開始為丈夫守喪。對她而言，生命裡所有的光彩已經消失，往後的十多年，她只為盡女王職責而活，她把鐘錶時間定在丈夫去世的那一刻，彷彿自己生命的樂章已全然隨著丈夫而消逝！

女王在五十歲那年染上天花，失去原本的容貌，她深居簡出，時常在宮裡默默凝視丈夫的畫像。另兩位公主也因為天花而進了修道院，一連串的打擊，影響了女王的健康，但她強撐著身軀，為國事操煩，給遠嫁他方的子女們寫信，例如法國的瑪麗安多妮特皇后，就讓女王始終掛心，女王不斷的在信裡訓育她，她卻一意孤行，最後在大革命爆發時被送上斷頭台。

女王在一七八〇年去世了。瑪麗亞執政四十一年間，為國家奠定了強盛的基礎，人民為了感念她的功德，尊稱她為「國母」，讓她永遠活在世人的心中。

一代女皇

凱薩琳

望著彼得瑟縮發抖的模樣，
凱薩琳嘴角露出一抹冷笑。
這十多年的婚姻，彷彿就是一場噩夢。

統治俄國長達三十四年的凱薩琳女皇，曾將俄國的國勢推向頂峰。晚年的她仍舊野心勃勃的表示：「如果我能活上兩百歲，全歐洲都將臣服在我的統治之下。」

西元一七二九年出生的凱薩琳，原名葉卡婕琳娜·阿列克謝耶芙娜，出身於普魯士一個貴族家庭。但因家道中落，凱薩琳即使才貌雙全，似乎難以得到父親的重視，因為，父親一心期盼男孩可以振興家業。他從來沒想過，這個看似柔弱的小女娃，有朝一日竟成了萬萬人之上的女皇。

此時的俄國沙皇伊麗莎白孑然一身未曾婚配，她曾經和凱薩琳的舅舅訂親，可惜新郎在完婚之前就因病過世，伊麗莎白為此傷心不已，後來就不再論及婚嫁，也因此沒有子嗣可以傳繼王位，這可說是女王最大的遺憾。

在一次宮廷宴會中，凱薩琳和母親受邀為與會嘉賓。當女王得知凱薩琳是自己未婚夫的晚輩時，似乎對眼前這個小美人產生特殊的感情，再加上凱薩琳聰明伶俐的應對談吐，更贏得女王對她的重視。

伊麗莎白女王的王位將傳給姐姐的兒子彼得大公。坦白說，這真是個令人擔憂的問題，因為彼得的智能低下、行為幼稚，根本不足以擔當大任，女王為此煩惱不已。現在她忽然有個想法：「萬一彼得真的不爭氣，無法善盡君王的職責，若能給他選配一個精明幹練的妻子，未嘗不是國家之福啊！」女王心目中的最佳人選，就是遠道而來的凱薩琳。

凱薩琳似乎也看出女王的心意，她悄悄的告訴母親，如果能留在俄國，將來勢必大有所為。「孩子，這裡人生地不熟的，你不害怕嗎？」「媽媽，如果想要出人頭地，就必須有所付出，我不怕吃苦，因為這可是個千載難逢的機會啊！」凱薩琳堅定的回答。於是，凱薩琳就留在俄國，從學習俄文開始，並改信希臘正教，努力了解俄國的一切。

凱薩琳在十五歲那年和彼得訂親，次年（西元一七四五年）完婚，成為榮耀卻不幸福的新娘。

婚後的彼得一改過去對凱薩琳的態度，變得驕縱又不盡人情，他自己的說法是：

「當初我看她俏皮可愛，想跟她做個朋友，沒想到這個小女人心機深沉，竟想攀龍附鳳的進入宮廷，我才不想和她結為夫婦受到牽制，我還想多過幾年自由的日子呢！」所以，即使已經結了婚，彼得無視於妻子的存在，他無所顧忌的吃喝玩樂，甚至公然和情婦出雙入對，讓凱薩琳十分難堪。

每到夜深人靜，總是凱薩琳獨守空閨，女王當然明白這種不正常的現象，但她輕描淡寫的說：「你要對丈夫多用點心，讓他回心轉意留在你身邊，如果你只會哭哭啼啼的，根本就於事無補啊！」女王的話讓凱薩琳痛心不已，除了暗自垂淚，她真不知道自己該怎麼做才能扭轉命運。

彼得的猖狂除了刺激凱薩琳，也讓他在宮廷的評價是一敗塗地，大家對凱薩琳由同情轉而支持，這讓凱薩琳覺得十分欣慰。「眾人的眼睛畢竟是雪亮的，彼得的行徑可恥，正足以彰顯出我的睿智和尊貴。」凱薩琳在心中竊喜。不過，擺在眼前的局面是伊麗莎白掌權當政，凱薩琳必須委曲求全，對女王刻意承歡，對丈夫恭順體貼，才能圖謀往後的發展。

凱薩琳在西元一七五四年生下兒子保羅，伊麗莎白女王把孩子帶到自己的宮裡扶養，然後扔給凱薩琳一筆錢，算是彌補凱薩琳的生育之苦。「孩子是你生的沒錯，但是不是彼得的骨肉呢，這就很難說了。我願意扶養他，還算是你的榮幸呢！」女王的話讓凱薩琳不寒而慄，卻也不無幾分道理。凱薩琳忍著失去兒子的傷痛，還要承受屈辱，自己靜心思量：「若不是彼得狂妄如此，會讓我落到這步田地嗎？」

伊麗莎白女王在西元一七六一年去世，彼得繼承王位後改稱彼得三世，他對於姨媽的去世毫無傷感，反倒沉浸在即位為王的喜悅

中，甚至在宮內以大型的宴會來歡慶登基，連喪禮進行期間，他都在高聲談笑，完全無視於旁人的目光；反觀凱薩琳的表現就稱職多了，她以黑衣素服為女王守喪，堅強而莊嚴的形象，贏得眾人對她的敬愛。

凱薩琳眼見丈夫逐漸失去人望，而自己樹立的黨羽勢力日趨穩固，所以她的行徑不免大膽起來，她再度懷孕生子，而彼得終日忙於享樂，對凱薩琳的事向來不關心，凱薩琳便神不知鬼不覺的生下孩子，玩起一手遮天的把戲。

凱薩琳根本不把彼得放在眼裡，並且密謀篡位。她在宮內營造個人的勢力，把權力重心總攬到自己手中，還明目張膽的表示：「大家自己看看，彼得連俄文都說不清楚，行為乖張、思想幼稚，國家交託在他的手中，你們能放心

嗎？」

凱薩琳在西元一七六二年發動政變。「來人啊！彼得大公的身體不適，送他到鄉下去靜養。」隨著凱薩琳的命令一出，宮內禁衛軍立刻將彼得押上馬車，凱薩琳順利的成為女皇。

望著彼得瑟縮發抖的模樣，凱薩琳嘴角露出一抹冷笑，憶及過往，更令她無限感慨，這十多年的婚姻，彷彿就是一場噩夢！數天後傳來彼得去世的消息，大家心知肚明，女皇很可能就是謀害親夫的兇手，但卻無人追查真相，因為，女皇的威嚴和能力，已經阻擋了所有的懷疑。

女王關心國事、勤於政務，她和當時具有領導地位的哲學家伏爾泰、狄德羅等人書信往返，聆聽他們的治國理念，因此被列為十八世紀「開明專制」的代表人物。女皇也熱中藝文活動，喜好收藏藝術品，但她多次對外發動戰爭，讓俄國的領土面積增加了六十三萬平方公里，卻也讓人民飽受征戰之苦。

十八世紀末葉爆發了法國大革命，歐洲的保守勢力組成反法聯盟，凱薩琳也在西元一七九五年準備派兵赴法，鎮壓革命勢力，她卻因中風突然去世。俄國歷史將凱薩琳的治績和十七世紀的彼得大帝並列，因為他們都曾為國家的稱霸奠定堅實的基礎。

工業革命與瓦特

功率的單位為「瓦特」，現在我們以幾「瓦」為單位來說明燈泡亮度，足見瓦特是永垂不朽的。

自有人類以來，不知發生多少回爭戰與革命，其中最特別的當屬「工業革命」，因為這是一次沒有流血衝突，也無人犧牲，卻又持續進行的革命，甚至一直延續到現在、到往後、到永遠……。

「工業革命」之前的人類生活是非常艱辛的，主要是因為人的力量有限，若想有所突破，就只能依賴水力、風力或獸力；不過，這些能量的來源都不十分理想，而且還有諸多限制。數千年以來人們總有力不從心之憾，直到瓦特成功的改良了蒸汽機，不僅將人們的一些夢想化為真實，而且機器的量能可經由不斷的研發，而無止境的進步再進步……。

英國是最早成立科學專門研究機構的國家，對於生產技術的發明或改良，早已制定各種獎勵方式，以確保發明者的利益，例如西元一六二四年國會通過的「專利法」就首開先河，讓發明家從自己的研究成果中致富，藉此鼓勵大家從事發明研究。數十年後政府又成立「英格蘭銀行」，這是歐洲最具規模的金融機構，對於工商業資金的統籌規劃極有貢獻，無形中提升了各行各業的發展，讓國家擁有無限進步的可能。

西元一七三六年出生的瓦特，就在這種整體前進的軌跡中，運用個人的巧思和努力而終至成功。

瓦特出生在蘇格蘭一個平凡的家庭，他從小體弱多病，母親為了照顧他吃了不少苦，瓦特的父親是個木匠，也經營一間小店鋪，賣些航海器材用品之類。瓦特對文史哲學之類的書籍沒多大興趣，倒是經常在父親的店裡流連忘返，喜歡動手操作機械類的小玩意兒，因為他心細手巧，修理器具的成效甚至超越父親；不過，家裡的經濟一直不寬裕，瓦特十七歲那年母親去世，父親又經商失敗，遭逢巨變逼得瓦特突然間成熟穩重起來，因為他必須自食其力，減輕家裡的負擔。

瓦特來到母親的故鄉格拉斯哥城。「我能做什麼呢？」瓦特捫心自問，既然對機械有興趣，就先從這方面下手吧！

瓦特先在一間鐵工廠裡作學徒，他的態度專注認真，加上經常超時工作，瓦特很快就累積了不少經驗，他準備自己經營一家店鋪。「別做夢了！你不是『工會』裡的成員，又非本地人，根本沒有開店的資格。」鐵工廠的同事勸瓦特趁早打消念頭，因為工會為了保障本地工商業界的權益，根本不給外地人發展的機會。好在天無絕人之路，這一年來瓦特認識不少在大學任教的教授，他們對瓦特頗為賞識，便推薦他到格拉斯哥大學的天文儀器室當技工，瓦特非常珍惜這個機會，更加認真努力的工作。

時光荏苒，大學裡的師生都和瓦特熟了起來，大家還喜歡到瓦特那兒去研究機械、討論學理，因為瓦特的學歷雖低，但他對機械的認知可一點兒也不輸給教授呢！「你來看看這是怎麼一回事？」大家圍在一起動手動腦，真是其樂無窮。

十七世紀末葉已經有人發明了蒸汽機，可是功能不十分理想，西元一七六四年瓦特為了修復一部壞損的蒸汽機而著手研究。「這是系裡重要的輔助工具，少了它還真不方便，所以我一定要儘快把它修好。」瓦特心裡盤算著該如何動手，這一動手就是好幾年的工夫。西元一七六九年瓦特成功的製成另一具蒸汽機，功能比舊型蒸汽機要好很多，瓦特立刻向政府申請專利，並且獲得一家鐵工廠老闆的資助，開始大量生產這種新機型。

隨著業務的拓展，瓦特不僅名滿天下，豐碩的收入更改善了經濟狀況，回想這一路走來，瓦特不敢志得意滿，猶記得在研發蒸汽機的過程中，因為經費短缺，瓦特曾經辛苦的打工賺取工資，還有熱心的教授贊助經費，這些都讓瓦特沒齒難忘。所以，即使現在成功了，瓦特依然秉持著當初鍥而不捨的精神，繼續從事改良研究。到了西元一七八二年，瓦特發明出另一種更為精巧的蒸汽機，開始廣泛的運用在各項生產製造，並由英國而流傳到其他國家。

「工業革命」是歷史上一次劃時代的變革，不只是生產技術的改良，也帶動人類整體的進步，並且成為往

後支配歷史的主流，也就是說，凡是經過工業革命洗禮的國家，國勢便會無限增強，甚至演變成帝國主義；而沒有歷經工業革命的地區，則有可能淪為帝國主義侵略的目標，所以工業革命主導了國家形式的轉變、世界局勢的發展，它對人類的影響是非常重要的。

若以個人而論，類似瓦特一般的發明家可能不像政治人物可以左右政局，甚至是叱咤風雲，但他們的影響和貢獻極為深遠，不會消逝在時間的洪流裡，反而引起人們永遠的懷念。例如後人為了紀念瓦特，就把功率的單位命名為「瓦特」，現在我們說明燈泡的亮度時，就以幾「瓦」為單位，足見瓦特是永垂不朽的。

工業革命讓人類的生活整體改觀，正如史學家的評論：「工業革命把人類力量薄弱的雙手武裝起來，搭配智慧而不斷的創造奇蹟，

得以主宰全天下。」若以物質生活相比，工業革命前、後的差異真是天壤之別，人們的享受無限增加、壽命也延長了；可是，放肆於享受的結果卻造成物質的浪費、資源的耗損，還有更嚴重的汙染問題，這些都是人們亟待解決的難題。時至今日，「環保」課題已經是全人類共同努力的目標。

隨著機器的運轉，出現了工廠林立、商業發達的繁榮景象，於是人口湧向大都市，鄉間辛苦的農事生產不再受人青睞，傳統手工業也隨之式微。工業革命改變了社會結構，也造就出一批批善於經營的資本家，他們驅使著旗下的勞工賣力工作，使自己的事業蒸蒸日上，眾多勞工則依然是貧無立錐之地，於是勞資雙方的衝突不斷，甚至衍生嚴重的階級對立。所以，國家應該如何以社會立法來保障雙方的權益，避免衝突及對立，似乎一直在考驗著施政者的智慧。

工業革命改變了世界局勢，強國以船堅砲利的優勢欺凌弱國；社會上的富人則是財大氣粗，而窮人是一無所恃難自保，於是貧富差距拉大，各種經濟學說應運而生，其中包括自由主義學派、民族主義學派和共產主義學派。如何從其中截長補短的做一取捨，以維護國家主權及個人利益，實在是一項艱鉅的任務，但人類必須全力以赴，為迎向工業革命後的新時代而努力。

化學之父

拉瓦節

當完美的結論被歸納出來時，面紅耳赤的爭辯立刻化爲喝采和掌聲，那眞是令人懷念的幸福時光啊！

拉瓦節於西元一七四三年出生在巴黎，父親和母親都是令人稱羨的律師，不僅讓拉瓦節從小在富裕的環境中成長，更讓他接受完善的教育，加上拉瓦節自身的聰慧，又喜歡博覽群書、研究學理，儼然是個做學問的好材料，所以，父母親對他的期望頗高。拉瓦節二十一歲大學畢業時，父親希望他能承繼衣缽，成為一名專業的律師，可是，拉瓦節卻明確的表示：「爸爸，我寧願待在實驗室裡作研究，也不想到法院去打官司。」

拉瓦節真的對法律是毫無興趣，從小的耳濡目染對他似乎是起不了作用，甚至於他對一般上流社會所流行的吃喝享樂也興趣缺缺，當親朋好友或是同學邀約他大肆享樂時，他總是以健康欠佳為理由而拒絕，久而久之，他成了大家眼中只知讀書的科學怪人。

拉瓦節在大學時期，曾經跟著教授做地理實察和氣象觀測的工作，原本體質羸弱的拉瓦節，歷經辛苦的走訪、觀測等訓練，身體反而強壯多了。這一連串的歷練中，他不僅充實了知識領域，也提出不少新的理論，讓他年紀輕輕就小有名氣，成為巴黎學界的一名新秀。

拉瓦節在西元一七六八年被任命為法國皇家科學院院士，這時候他只有二十五歲。這份榮耀把他引向政治界發展，他擔任巴黎的徵稅包稅商，這個轉變把他的事業推向頂峰，也讓他的命運步上險途。

徵稅承包公司創立約在十七世紀，由一群頗具名望的商人所組成，他們負責替政府徵收各種稅金，再把定額的款項繳給國王。這是法國政府為了方便行事所做的安排，有了收稅商人打包票催收稅款，國王就不愁收不到錢了；不過，在強行徵稅的過程中，承包商很可能假藉收稅之名，進行貪瀆之實，把一部份稅金飽入私囊，這時候，倒楣的是人民百姓，但政府卻不聞不問。所以，這批人成了大家眼中的特權分子，更是工商界憎恨的對象。因為，關卡林立、項目繁多的稅制，阻礙了工商業的發展，也讓新興的中產階級深惡痛絕，其中唯一的既得利益者，就是這些包稅商。

拉瓦節加入徵稅承包公司以後，果真得到豐厚的報酬，再加上父母過世後留給他的遺產，讓他享有豐裕的生活，他屬於社會的上流階級，結識了不少富商巨賈，因此認識他的未婚妻瑪麗，瑪麗和他志同道合，成為他的工作助理和妻子，兩人過著只羨鴛鴦不羨仙的美好日子。

拉瓦節從來不為衣食發愁，夫妻倆有豐厚的財源基礎，可以經營自己喜歡的事業，所以，拉瓦節建了一座設備完善的實驗室，經常邀請一些熱愛科學研究的朋友，大家一起在實驗室裡討論，並享受美食和點心，直到拉瓦節被關入大牢，他對這段美好的時光依然是念念不忘。「還記得我們愉快的交談、熱烈的討論，只有當新的理論出現時，大家才會爭執不下。不過，當完美的結論被歸納出來時，面紅耳赤的爭辯立刻化為喝采和掌聲，那真是令人懷念的幸福時光啊！」

法國從十七世紀路易十四以來，始終厲行君主專制，社會上普遍充斥著不公，像拉瓦節這種上流社會的人是不知民間疾苦的；可是，大多數的人並非如此幸運，他們忍受著專制統治、苛捐雜稅，對皇室及政府的腐敗則是敢怒不敢言，種種怨懟累積成一股強大的力量，終於在一七八九年爆發了大革命。四年後國王路易十六遭到處決，國家陷入一片混亂，皇家科學院也遭到解散的命運。

「社會動盪不安，未來世事難料，你要不要先出國避一避？」朋友建議拉瓦節。

「不用吧！我是個研究人員，和政治毫無關係，放心啦！革命這把火燒不到我的。」拉瓦節對政府仍抱持著希望。

不幸的是，當時主政的「國民大會」根本無法應付內憂外患的危急局面，他們籌組了「公安委員會」，作為行政部門的最高指導機構，還為了維持社會秩序、撲滅革命造成的動亂，特別通過一項名為「嫌疑律」的法案。

「大事不好了！這『嫌疑律』簡直是無法無天的濫權，執政當局不需要任何罪證就可以隨便抓人，根本就是他們剷除異己的一種手段。」聽到朋友間的論述，拉瓦節也跟著惶恐起來。

在「嫌疑律」的肆虐下，凡是貴族後裔、革命爆發前擔任官職者、或是與流亡分子相關的人，警政機關都可以隨時將之拘捕、審訊調查甚至處刑，如此一來，受到牽連而下獄的人不計其數，連路易十六的皇后和巴黎前任市長也難逃一死，這一年被稱為是法國歷史上的「恐怖統治」時期。

眼見這種亂象一發不可收拾，拉瓦節在西元一七九三年底先以自首的方式希望獲得減刑，不過卻未獲政府同意，因為他曾經擔任徵稅承包商，被判「貪贓枉法、剝削人民」的罪狀，而將以重刑論處。「完了！」拉瓦節在萬念俱灰中被捕下獄。這時，他仍存一絲希望，便託人向政府關說：「我是一個科學研究人員，請念在我過去所做的努力而減免刑責，我願意捐出所有的財產，只要能繼續從事研究工作，我別無他求！」可是，法官駁回他的請求，事情顯然已經無法挽回。

「法官大人，砍了拉瓦節的頭很容易，可是，也許我們要再等上一個世紀，才會出現這麼聰明的頭腦啊！」法國數學家拉格朗大聲疾呼，和一些人共同為拉瓦節請命，可惜所有努力都改變不了拉瓦節的命運，他在一七九四年五月被送上斷頭台，年僅五十一歲。

拉瓦節為近代的化學研究開啟了一大步，他發現「氧」元素，並且明確的指出，被燃燒的物質所吸收的氣體叫作「氧」，所以，燃燒是物質與氧的化合，而我們的呼吸動作，就是肺部吸取氧氣的過程。

拉瓦節花了許多精神去研究空氣，很多人認為這是不切實際的舉動，可是，拉瓦節大膽的推翻古希臘時代一些不甚成熟的理論，因為他發現空氣是一種化合物，其中包含了「助燃」和「不助燃」的兩種氣體。「古人相信水和土可以互相轉換，我認為這絕對是誤判！經由實驗證實，水蒸發以後土仍然存在，而且不會轉換成金屬。」

拉瓦節進一步指出，水是由「氫」和「氧」所組成，不是大家所認知的單一元素，當他提出這些理論時，雖然一度引發爭議，但是事實證明，拉瓦節所提出的學理真是舉世無雙。

拉瓦節以「氫」和「氧」為基礎，制定了化學元素表，一直沿用至今；此外，他發現糖類轉換成酒精的發酵過程，可以寫成「葡萄汁＝碳酸＋酒精」的模式，這就是世人所熟知的化學方程式寫法。他為近代化學奠定基礎，成就足以和哥白尼、牛頓等人並駕齊驅，所以被尊稱為「化學之父」，法國人對他十分敬佩，更惋惜他成為大革命動盪中的犧牲者。西元一八九五年法國人為他豎立雕像，並在紀念碑上寫著：「他是殘暴政權下的犧牲者，他備受尊敬，並將永世長存，他的天分更將永垂不朽。」

謙謙君子

傑佛遜

把精神和體力浪費在毫無意義的口水戰，簡直無聊透了！確切的身體力行比逞口舌之利重要多了。

早在一五八三年的北美紐西蘭地區，由一個英國伯爵建立了統轄區以後，可算是英國人最早在北美展開殖民。到了十七世紀，大批的英國人透過倫敦公司的轉介，開始向北美的東海岸移入，聚集出現一些市鎮，也帶動歐洲其他國家人民的湧入，陸續建立了維吉尼亞、賓夕法尼亞、麻塞諸塞、馬利蘭等十三州，其中當然還是以來自英國的人口最多。

為了躲避英國國內的宗教迫害，以及嚮往新大陸的清新自由，前往北美十三州的移民，多屬於新教中的清教徒和其他教派，他們堅持地方自治，希望建立自由、公平、正義的社會，並且秉持著刻苦勤奮、勇於冒險的精神，追求在這片新天地營造幸福生活，這就是北美獨立建國前的景象。

可是，隨著大英帝國的財政出現困窘，英國開始對十三州殖民地採取較嚴厲的經濟管理，不惜以犧牲殖民地的利益，來達到母國所需。如此一來，北美成了被剝削犧牲的對象，民眾對此憤憤不平，也有無盡的辛酸。

於是，大家決定在賓州的費城召開「大陸會議」，並推舉華盛頓為「大陸軍」總司令，這是北美和英國反目之始，時為一七七四年。隨著獨立的呼聲高漲，一七七六年七月四日發表的「獨立宣言」，正象徵著美國脫離英國而建國的開端，這一天日後便成為美國的國慶。

「獨立宣言」的起草人，是後來美國的第四、五任總統傑佛遜。

傑佛遜出生在維吉尼亞州，和華盛頓是同鄉。傑佛遜的天資聰穎，記憶力超強，二十歲不到，他已經通曉拉丁文、希臘文和法文，後來又學了西班牙文和義大利文。此外，他對數學、法律和歷史都有研究，所以，年紀輕輕就成為著名的律師。

當十三州民眾高唱獨立運動時，傑佛遜深有所感，他研讀過英國的歷史發展，知道英國的施政強調民主，更為了維護人權而不遺餘力。可是，英國對殖民地的態度，卻完全是不同的標準。「如此蠻橫專制的治理，還談什麼『天賦人權』呢！英國歷經改革所爭取的民主自由，一到北美全變了個樣，這還有正義公理嗎？」傑佛遜一邊看書一邊感嘆著。

三十三歲的傑佛遜被選為「大陸會議」的國會議員，他以沉穩、平和的態度，肩負起獨立革命的重任。

傑佛遜的思慮敏捷，滿腹經綸，再加上他的文筆洗鍊又充滿感情，就由他和富蘭克林等人組成五人小組，著手「獨立宣言」的撰寫。

「獨立宣言」不僅象徵著美國的建

立，也說明政府該如何保障民權，以及人民應該擁有哪些權利。所以，「獨立宣言」堪稱是十七、十八世紀以來，所有民主思想的總結，更關係到日後美國的立憲精神，是近代歷史上一份極為重要的文件。

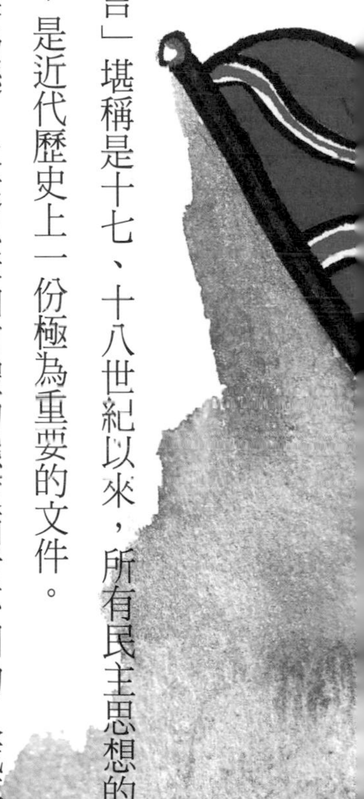

終日為國家大事奔走的傑佛遜，永遠以謙和有禮的態度面對不同的人或事，擔任國會議員期間，儘管他的口才辯給、學養豐富，可是他不曾發表一次演說，總是默默的努力，他自我期許著：「把精神和體力浪費在毫無意義的口水戰，簡直是無聊透了！確切的身體力行比逞口舌之利要重要多了。」這種磊落坦蕩的態度，贏得許多人對他的尊敬。

經過艱苦的戰爭，美國終於成立了，西元一七八九年華盛頓擔任第一任總統，傑佛遜則是國務卿。他關心國家的農業政策、土地法規的修訂、教育機會的均等、宗教信仰的自由，更基於人人生而平等的理論，傑佛遜對於遭受不合理對待的黑奴也產生同情：「美國力倡維護人權，可是，這些和我們不同膚色的黑人，卻過著奴隸般的日子，這實在有違我們的立國精神啊！」在國家初建的當時，辛苦的勞力工作極度仰賴黑奴，人們不可能賦予黑奴公平的人權，儘管傑佛遜有先見之明，卻也只能深深嘆息。

雖然不能達到廢奴的理想，不過，傑佛遜對白人、黑人的態度是一視同仁的。有一次，傑佛遜和兒子坐在馬車上，路旁的一個黑人向他們脫帽行禮，傑佛遜立刻答禮，可是，兒子卻置之不理，傑佛遜語氣平和的訓斥：「孩子，難道你的禮貌和修養竟連一個黑人都不如嗎？」

儘管所學和農業無關，但傑佛遜對農事研究充滿興趣，處理公務之餘，他也喜歡動手操作，對犁的鐵片構造、耕耘工具的使用，他都有一些了解。有一次，傑佛遜到鄉間訪視，在小酒館裡和一名旅客談天，先聊到機械，再談到農耕，傑佛遜都說得頭頭是道，兩人可說是相談甚歡，這個旅客心裡暗忖：「這位先生不是農夫就是工程師。」

不一會兒，前來喝酒閒談的人多了起來，大家聊到法律和宗教，傑佛遜也能侃侃而談，和眾人聊得是不亦樂乎。

「老闆，這位先生究竟是律師還是牧師呢？」傑佛遜一走，大家忍不住議論紛紛。

「他就是國務卿傑佛遜。」酒館的老闆笑著回答。

華盛頓兩任總統期滿後，亞當斯被選為總統，傑佛遜擔任副總統，他和亞當斯分屬不同的黨派，卻能密切合作而不致心存芥蒂，他們能夠彼此包容欣賞，也有恢弘的胸襟氣度，最難能可貴的，是兩人都有一份責任感和對國家的熱愛，或許偶因工作產生不同的看法，但兩人搭檔期間從未引發黨爭，也沒有惡言相向的場面，這種君子風範的愛國情操，一直被後人所津津樂道。

亞當斯之後，傑佛遜在西元一八〇一年當選總統。就職典禮當天，傑佛遜身著輕裝便服，沒有衛儀隊相隨，也沒有馬車開道，傑佛遜神態自若的步行前往會場。「我的貴賓就是全國民眾，我的工作是為民服務，只不過我的職場稱呼叫作總統，這有什麼好大驚小怪的呢！更何況，人們是否尊敬你，也不在於這個稱謂，而是看你日後有沒有好的表現！」傑佛遜不想用威嚴和氣勢來贏得殊榮，平易近人的態度，正是他一貫的作風。

事實證明，傑佛遜的努力獲得民眾肯定，四年後他連任成功，成為第五任總統。他不僅對內政的處理盡心盡力，也精於分析國際局勢，他利用英法之間的矛盾，以極低的價格從拿破崙手中買下密西西比河以西到落磯山之間的廣大土地，大力擴充美國的領土。

傑佛遜兩任總統期滿後，不再過問政治，恬靜的在家鄉從事農藝研究，並在西元一八一九年創辦維吉尼亞大學，最後以八十三歲之齡辭世。目前位於首府華盛頓的「傑佛遜紀念館」成為重要的觀光景點，讓世人得以了解傑佛遜的風采。

美國的

獨立之戰

別國出的價錢比英國好多了，
我們卻不能賣，只能任由英國殺價，
這種規定簡直是暴政！

大西洋的驚濤駭浪，威脅不了移民人潮的熱情，他們從英國出發，橫渡海洋到北美洲的東岸。陸續建立了維吉尼亞、紐約、紐澤西等十三州，在新大陸上建立自己的家園。這些移民者慶幸自己脫離專制的英國來到這片樂土，對未來充滿希望，也滿懷鬥志，他們寧可和印地安人打交道，也不想忍受英國政府不合理政策的壓迫。

不幸的是，不合理的政策依然存在，因為英國政府把這廣大的十三州，當成予取予求的殖民地。

「這太不公平了，本地生產的皮貨、棉花、白糖、菸草，不僅品質優良，而且產量豐富，結果英國政府一聲令下，規定這些貨物只能運銷到英國，讓我們失去議價的機會，大家還賺什麼呢？」「別國出的價錢比英國好多了，我們卻不能賣，只能任由英國殺價，這種規定簡直是暴政！」大家再氣憤也不能改變英國的既定政策，只能默默承受。

隨著英國財政的吃緊，對殖民地的壓榨也日趨積極，十七世紀中葉以來，又陸續公布許多不合理的規定，例如：糖稅、茶葉稅、印花稅等，在在都引起十三州人民的反彈，而唯一的受惠者，只是英國政府。

一七七三年，英國強迫北美購買一批品質低劣的茶葉，引發波士頓居民的不滿。他們把運抵波士頓港口的茶葉拋入大海表達憤怒，沒想到，英國下令嚴懲肇事者，還派出軍隊鎮壓人民，甚至要求殖民地負責支付這批軍隊的開銷，這就是「波士頓拋茶事件」。

這個事件強烈的刺激了殖民地人民的反英情緒。於是，一七七四年，各地代表在費城集會，舉行了第一次的「大陸會議」，要求英王喬治三世合理對待十三州，卻遭到拒絕，終於引發衝突，開啟了北美的獨立戰爭。

第二次的大陸會議中，維吉尼亞州代表華盛頓被推為大陸軍總司令，向英國宣告獨立，並由傑佛遜等人撰寫「獨立宣言」。

一七七六年七月四日，「獨立宣言」正式公布，這一天就被訂為國慶日。儘管「大陸軍」的鬥志高昂，但是英軍的人數和裝備都遠遠超過大陸軍，所以獨立戰爭剛開始時並不順利，直到一七七八年，法國正式承認十三州獨立，大規模提供援助，並且派兵和大陸軍一起對抗英軍，華盛頓等人才鬆了一口氣。

「法國和英國積怨已深，幫助我們獨立成功，讓英國喪失最大的一片殖民地，正是打擊英國的最佳方式。」「沒錯，加上駐法使節富蘭克林對法王的遊說，法國才答應和我們並肩作戰。」正當大家熱烈討論時，西班牙也向英國宣戰，而荷蘭、俄國、瑞典、丹麥、普魯

士、葡萄牙等國，也陸續加入反英的行列，讓北美的獨立戰爭逐步走向坦途。

英國眼見大勢已去，終於在一七八三年承認十三州的獨立自主，還割讓了阿帕拉契山和密西西比河之間的廣大土地，美國領土大致有了規模。

華盛頓和傑佛遜、富蘭克林等人，都成為締造國家的英雄。難得的是，他們不僅不居功、不驕傲，而且全心付出努力，奠定國家初建的基礎。例如：華盛頓擔任一七八七年制憲會議的主席時，就一再強調「人人生而平等」的觀念，以符合「獨立宣言」裡天賦人權的精神。此外，為了避免執政者專制濫權，美國憲法採用三權分立制，把聯邦政府的權力畫分成三部分：最高法院執掌司法權、總統領導各部執掌行政權，以及國會執掌立法權。

一七八八年正式生效的美國憲法，堪稱是世界上最早的民主憲法，華盛頓於次年成為第一任美國總統，四年後成功連任為第二任美國總統。

八年過去了，美國政局日趨穩定，經濟發展也日益蓬勃，許多人希望華盛頓再度擔任總統，但是他用一封「告別書」向全民宣示不再連任的決心：「我身為首任總統，怎

麼可以戀棧權位而不下台？憲法規定總統只得連任一次，我當然要依法行事。因為我有責任替後人樹立良好的榜樣。」華盛頓將政權轉移給下任總統亞當斯，便瀟灑的離開政壇，再也不過問國家大事。

歷經多年戰爭而成立的「美利堅合眾國」，也就是美國，到了一八〇三年，當時法國的執政者是拿破崙，他把密西西比河和落磯山之間的法屬殖民地賣給美國，這是美國領土第一次的成長紀錄。

一八一八年，美國又從西班牙手中買到佛羅里達。這時，由於南邊的墨西哥剛脫離西班牙的控制而獨立成功，和美國爆發嚴重的領土糾紛，因此引發「美墨戰爭」，結果墨西哥戰敗，割讓了德克薩斯、新墨西哥、加利福尼亞等地，使得美國的領土西進到太平洋沿岸。

這時，美國的聲勢已經超越英國，便和英國協議，在一八四六年獲得加拿大南部的奧立崗，美國的疆域面積已經相當於整個歐洲，奠定了成為世界大國的基礎。接著到了一八六七年，美國向俄國購買阿拉斯加，同年又接收了太平洋的中途群島，使美國的勢力深入亞太地區。五年後，夏威夷群島成為美國的保護國，一九五九年成為美國第五十州。

十九世紀末期，美國和西班牙發生戰爭，戰後西班牙割讓了關島和菲律賓等地。不過，菲律賓在第二次世界大戰後獨立，脫離美國統治。

所以，當我們吃到可口的佛羅里達葡萄柚、加州水蜜桃、阿拉斯加鮭魚，或到夏威夷、關島度假時，其實這些地方並不是當年美國發動獨立戰爭時的疆域。此外，美國國旗上的小星星就是代表它的州數，也像是訴說著美國一頁頁的歷史。

法國大革命

革命造成社會動盪不安，逐漸失去理性的群衆甚至衝進皇宮，強押路易十六、皇后和王子。

凡爾賽宮內燈火通明，繚繞的樂聲，可口的美食，所有的皇室成員和貴族都陶醉在這歌舞昇平的歡樂中。年輕的君王路易十六和皇后、小王子，享受幸福快樂的日子，這時是西元一七八九年。

路易十六是個心地善良卻優柔寡斷的人，他無法制止皇室的揮霍，又無力為國家開闢財源，捉襟見肘的經濟困境，逼得他只好下令：「貴族、教士與平民的代表一起開會討論加稅，讓國家度過難關。」

「陛下，貴族和教士享有免稅特權，各種苛捐雜稅的擔子全在平民身上，他們的負擔過重，已經無法承受加稅的壓力了。」大臣好心的建議。但路易十六似乎是鐵了心：「我管不了那麼多，財政危機要解決，稅是加定了。」

在國王的命令下，三個階層各派出數百名代表參加「三級會議」，可是，投票表決的議程竟不是一人一票，而是一個階層一票。高達六百人的平民代表即使人數再多，也只不過是一票，平民代表個個氣憤填膺，仍舊改變不了被加稅的命運。

在這些平民代表中，律師出身的羅伯斯比爾最受到群眾的支持。擁有巴黎法學碩士學位的他，不僅學識淵博，而且祖父和父親都是律師，從小便培養他一絲不苟、方正不阿的個性，他篤信盧梭的學說，希望能實現盧梭「天賦人權」的理想，為了貫徹為國效忠的天職，羅伯斯比爾決定終生不婚，而且厲行最儉約的生活，心無旁騖的為國事奔忙。

可是，路易十六為了怕得罪貴族和教士，仍決定維持投票的方式，並派出軍隊包圍會場控制秩序，這種偏頗的做法激怒了群眾，七月十四日，憤怒的人民掀開了革命的序幕。

革命造成社會的動盪不安，逐漸失去理性的群眾，甚至衝進皇宮，強押路易十六、皇后和王子。這種失去理智的暴動，引起歐洲其他國家的恐慌。神聖羅馬帝國的皇帝，也就是路易十六皇后的哥哥，就以出兵毀滅巴黎威脅法國人：「你們不得傷害皇室成員一根汗毛！」

面對國內外的動亂與威脅，羅伯斯比爾逐漸失去耐性，原本開明溫和的他變得嚴峻冷酷，他主張處死路易十六，徹底消除專制王權；進行恐怖統治消除異己，以維持社會秩序。於是，他成為「雅各賓黨派」的領袖，把法國大革命帶上激進的路途。

一七九二年底，路易十六的命運，在「國民大會」表決下被判處死刑，次年年初就在「革命廣場」斬首示眾。路易十六一死，國內群龍無首，各界一片恐慌，此時各黨派互相攻擊，社會上的暗殺事件層出不窮，而且警政機關又任意逮捕有嫌疑的人，並且從嚴判刑，名義上是處決對國家不忠的人，實際上，卻是羅伯斯比爾和雅各賓黨人合力剷除異己的陰謀。

屠殺和恐怖統治讓法國人民反感日深，終於群起攻之。就在一七九四年，羅伯斯比爾被送上斷頭台處死，年僅三十六歲，短促的一生畫上了句點；而法國大革命仍航向不可知的未來。

國內的動亂持續著，物價上漲了三百倍，還有上萬人被殺害，其中包括路易十六的皇后。但令人納悶的是，小王子路易十七的生死成謎！雖然官方公布路易十七在不久後也被處決。不過，諸多疑點讓事件成為

懸案，例如：年紀不滿十歲，身高僅一公尺多的小王子，卻被安放在一百六十二公分的成人棺木中，難道路易十七被偷天換日的掉了包？

革命之初，皇室成員便四處逃散，於是流言四起，謠傳路易十七仍然存活，只是避開紛擾，在鄉下隱姓埋名，深居簡出，種種繪聲繪影的傳言，一直盪漾著……。

法國大革命的浪潮，到了拿破崙的時代而漸趨平息。拿破崙稱帝

後，建立「法蘭西第一帝國」，以富國強兵為目標，重新打造法國政治。但是路易十七身在何處？王室後裔究竟是生是死？

曾有一個貧窮落魄的工人，自稱是路易十七，立刻成為報紙的頭條新聞，儘管他能詳細敘述路易十七小時候的生活瑣事，身上也具有一些和路易十七相同的特徵，幾個曾經服務於宮廷的老僕人，還誓言這個人和皇室成員的相貌是如出一轍，但是法國王室並不承認他，最後他貧病交迫的流落到荷蘭，終老異鄉。

多年以後，經過科學驗證，法國王室只能公布，大革命當時被處決的少年並不是路易十七本人。那麼真正的王子流落何方？而謎團早已淹沒在歷史的洪流中，永不得解。

瑪麗皇后的一生

「百姓買不起法國麵包了！」

「是這樣嗎？那就改吃奶油麵包啊！」

瑪麗安多妮特皇后原是奧地利公主，母親是瑪麗亞德莉莎女王。瑪麗從小就深得父母寵愛，從未受過任何委屈，所有的人都認為她會永遠過著幸福快樂的生活。

瑪麗年幼時和音樂神童莫札特曾是兩小無猜的玩伴，但精明的女王已經開始張羅瑪麗的婚事了。對於皇室成員來說，愛情並不是婚姻的考慮因素，著重的是婚配對象的家世背景與利害關係；因此，一樁樁的政治婚姻就這麼決定了，不免也造成了一對對怨偶。年長瑪麗五歲的姐姐，竟嫁給年近六十的那不勒斯國王，便是活生生的一個例子；而瑪麗的哥哥也一樣，他和巴伐利亞公主在眾人的撮合下倉促成婚，夫妻間相處不睦，最後以悲劇收場。

天真的瑪麗公主卻認為母親不可能這麼對她，因為母親和父親歷經千辛萬苦、排除萬難而結合，她相信母親能深刻體會，唯有情投意合的婚姻才是幸福的泉源，瑪麗公主對未來仍充滿期待憧憬。

但是，身為女王的母親基於國家考量，還是為女兒安排了一樁政治婚姻，瑪麗將要嫁給當時歐洲第一強國——法國的王儲，也就是路易十六。

瑪麗被要求學習法文、宮廷禮儀，並認識法國的一切，當她十四歲生日一過，法王路易十五就派出龐大的迎親隊伍，到維也納皇宮接公主。瑪麗和母親相擁而泣。「孩子，離開家人和家鄉，你要多多珍重，言行要謹慎，一切都靠自己把握了。」母親殷切叮嚀，讓瑪麗在淚眼婆娑中依依不捨的離家，邁向不可知的未來！

經過漫長的旅程，終於到達法國，瑪麗在楓丹白露宮見到國王路易十五。國王的親切態度讓瑪麗稍稍放心，國王身邊站著一個瘦弱的男孩，那就是瑪麗日後的丈夫路易十六。

王儲對瑪麗顯然不太友善，他的相貌平庸、身材矮小，而且不太理睬瑪麗，言行舉止又缺乏皇族的雍容氣質，瑪麗不免憂愁了起來。

在盛大隆重的婚禮中，瑪麗成了王妃，但王儲對她依舊冷淡，即使同床共枕，兩人也無話可說，因為瑪麗慣於晚睡，一上床就發現丈夫早已呼呼大睡；每天天還未亮，王

儲便拋開熟睡的妻子去打獵，兩人根本是同床異夢。

「關於你婚姻的不順利，我一定會和國王想個辦法。」瑪麗的母親奧地利女王來信，充分顯出焦慮不安。後來證明女王的焦慮是對的，因為王儲身體有所缺陷，必須以手術矯治，才能使夫妻生活融洽美滿。

除了獨守空閨的寂寞，瑪麗還得忍受丈夫的怪異行為，例如王儲的胃口特別好，不論任何場合，總是吃得嘖嘖出聲，完全不顧身分地位。

當國王斥責王儲時，只見他不慌不忙的回答：「我要吃得飽才能睡得好啊！」瑪麗聞言搖頭不已，內心非常失望。

而皇宮裡的繁文縟節更讓瑪麗難以忍受，吃一頓飯得用上一百六十多名僕人伺候，瑪麗覺得煩透了。後來，王儲在凡爾賽宮的後花園修了一座宮殿——翠安儂宮，成為瑪麗的別墅，可以躲開紛擾繁雜的宮廷，享受片刻安寧。這裡布置得豪華而典雅，瑪麗十分喜歡，但耗費鉅資的修建過程，卻讓臣民議論紛紛。

豪華的住所不能填補瑪麗的寂寞，乏味的婚姻生活和傳宗接代的壓力，讓瑪麗極想成為母親，她曾收養一個農家的小男孩，但孩子只愛自己的母親，對瑪麗卻毫不親近。「難道我比不上一個平凡的村婦嗎？」瑪麗哀怨不已。

瑪麗在生活上諸多不順，讓她得了劇烈的頭痛；特別是心情沮喪時，她會莫名其妙的大哭：「好無聊啊！」於是，她把情緒發洩在揮霍上，特別喜歡購買昂貴的珠寶首飾。

「孩子，我聽說你不惜鉅資購買鑽飾，這不是個好現象，你該有所節制。」母親捎來的信上流露出不滿。

母親萬萬沒有想到，實際狀況比想像中還嚴重，瑪麗不只是搜購珠寶，還大修翠安儂宮，而且又染上豪賭的惡習；還沒成為真正的皇后，瑪麗已經養成奢侈浪費的習性，瑪麗最常告訴下人的一句話就是：「不管花多少錢，辦好我交代的事！」

一七七四年，路易十六即位，瑪麗也榮登皇后之尊。為了讓王位後繼有人，路易十六終於同意用手術治療宿疾，瑪麗也成功的生兒育女，夫妻倆展開幸福的新生活，但是，政治上的動盪不安，已為王室的前途蒙上陰影。

其實，早在路易十五晚年時代，法國財政已經很吃緊了，路易十六即位後，不僅沒改善，反而雪上加霜，他下令幫助北美的獨立戰爭，更加重財政的負擔，一般人民承擔納稅的重責，幾乎到了不勝負荷的地步。依照當時的規定，貴族和教士不必繳稅，所有的納稅義務都落在平民身上。

然而，路易十六夫婦對此毫不警惕，即使有人向皇后報告：「百姓買不起法國麵包了！」「是這樣嗎？那就改吃奶油麵包啊！」瑪麗不以為意的隨口說道。

厭煩了千篇一律的宮廷生活，為了體驗農村作息，瑪麗還命人大修農莊，甚至引水入溪，好讓她在溪裡捕魚；又特別建了豪華牛棚，供她體驗擠牛奶的樂趣，只見她衣著華麗，帶著大批隨從和貴族婦女，在田野小徑上追逐嬉戲，她內心天真的以為：「沒想到民間生活是這麼愉快，五穀豐收的田園之樂，人民真是快樂又幸福啊！」沒有人敢告訴皇后真正的民間百態，竟是人民已到了飢寒交迫的困窘。

一七八九年，法國人民忍無可忍，引爆了大革命，路易十六和瑪麗皇后在凡爾賽宮被暴民逮捕，從此過著監禁的屈辱生活。四年後，瑪麗皇后被送上斷頭台，結束短暫而荒唐的一生。

革命之子

拿破崙

在我的字典裡，沒有「難」這個字！
「革命之子」拿破崙
成爲人類歷史上的一頁傳奇。

蔚藍的天空下，阿爾卑斯山頭一片銀白，但對山麓的三萬多名法國士兵來說，秀麗的風景卻無法取代飢腸轆轆的痛苦。自從一七八九年法國大革命爆發後的十年間，動盪混亂依舊，這支衣衫襤褸的法國軍隊，如今無依的在山腳下紮營，正當大家快絕望時，政府派來一位總司令，他就是拿破崙。身材矮小，貌不驚人的拿破崙，以他炯炯有神的雙眼凝視著每個士兵。

「弟兄們，我們將翻越阿爾卑斯山，向奧國進攻！」

「這太難了，根本就不可能！」士兵有氣無力的回答。

「不！我們一定能達成任務，在我的字典裡，沒有『難』這個字。」拿破崙滿懷信心的說道。事實證明，拿破崙率領著這批近似乞丐的軍隊，竟然發揮令人出乎意料的戰鬥力，在兩個星期之內，打了六場勝仗，連敗薩丁尼亞和奧國，並且迫使他們割地投降。

西元一七六九年，拿破崙出生在科西嘉島，家境尚稱小康，但由於孩子太多，父母的負擔過重，所以，小小年紀的拿破崙就顯得特別早熟懂事。為了減少家裡開銷，十歲的拿破崙進入法國陸軍幼年士官學校就讀，在這裡度過極不愉快的求學生涯。

個頭矮小又冷漠孤傲的拿破崙，成了大夥譏笑的對象，而他頑固、不善言詞的個性，又使得他很難改善人際關係，所以儘管老師認為他是個用功肯努力的學生，但在五年的住校生活中，拿破崙竟沒有結交到知己好友。

士官學校畢業後，拿破崙來到巴黎的陸軍軍官學校深造。對於出身在偏遠地區的拿破崙來說，巴黎的所有事物都讓他覺得新奇有趣。可是他並沒有因此而迷惑，因為他不斷的提醒自己，唯有更進一步的努力，將來才有出人頭地的一天；更何況，拿破崙也沒有雄厚的經濟條件可以讓他享受巴黎的浪漫。所以，他除了在課堂上認真學習之外，課後也一樣心無旁騖的努力不懈，他不參加應酬或派對、不關心同學間的交際活動，只是埋頭苦讀。

「你看那個矮子，整天只知道讀書，像個呆子一樣！」「他不懂生活情趣，咱們別理他。」同學對著拿破崙訕笑。拿破崙按捺著心中怒氣，他不想跟他們發生衝突，也沒有資格生氣，因為學校裡的學生大都是貴族子弟，而且大有來頭，在校內不僅講究享樂，甚至還有隨從跟著伺候，有時連老師都拿他們沒轍，何況是出身貧寒的拿破崙，又豈是他們的對手。

拿破崙以優異的成績，才一年時間就畢業了，他當上砲兵少尉，而求學期間的努力，使他具備豐富的軍旅知識，有助於他日後在戰場上的表現。

不久，法國大革命爆發，國內陷入一片混亂，一群反革命分子聚集在土倫，支持被推翻的國王路易十六，而英、

奧、俄、薩丁尼亞等專制保守的國家，都派兵支援土倫的保皇黨。

法國政府對此深感頭疼，但卻無人可擔當進攻土倫的重任，拿破崙自告奮勇，在很短的時間內，漂亮的收復了土倫。

土倫之役讓拿破崙嶄露頭角，接著，他平定巴黎的一場暴動，又率軍翻越阿爾卑斯山征討薩國和奧國，獲得空前勝利，這時他才二十七歲。法國人驚訝他的軍事天才以及堅忍不拔的毅力，因為革命之後的動盪，讓國內的物價上漲數百倍，政府根本無力償付龐大的軍費支出，而年輕的拿破崙竟能出奇制勝，真是令人折服。

拿破崙接著又遠征埃及，一路所向無敵。這時，歐洲的保守勢力國家，組成聯軍進攻法國，拿破崙立刻返國應戰，終於在人民的擁護下奪得大權，被推為「第一執政」。

出身平民的拿破崙，十分厭惡過去王權時代的腐敗與保守，法國大革命所崇尚的精神「自由、平等、博愛」是崇高的理想，也是拿破崙施政的目標，所以他每征服一地，就把這種精神帶到當地，並破除該地的封建勢力、專制特權，再把福利帶給老百姓，這種做法自然贏得萬民擁戴。

拿破崙以「革命之子」的榮銜，成了法國人心目中的大英雄，他在一八〇四年稱帝，號稱「拿破崙一世」。內政方面，拿破崙集中權力進行獨裁統治，以提升行政效率；又發行新的紙幣，解決通貨膨脹的慘狀，並成立「法蘭西銀行」調整金融，至於貪官污吏，當然受到嚴厲的懲治。

拿破崙非常重視教育，他廣設學校及培訓師資的師範學校，使教育事業蓬勃發展；並重修舊皇宮，改為收藏藝術珍品的博物館，著名的羅浮宮便因而享譽全球。

稱帝後的拿破崙想要實現獨霸歐洲的野心，他不斷發動戰爭向外擴張，占領各地後，便派自己的兄弟或親屬去當王。但是，這些人卻仗恃著特殊地位，生活奢華而糜爛，嚴重污衊了拿破崙的威名。

稱霸歐洲後的拿破崙，一直想攻滅不肯屈服的英、俄兩國，便以經濟封鎖英國，卻反而折損法國的經濟發展；六十萬大軍遠征俄國，又慘遭敗北。

西元一八一四年，拿破崙與歐洲聯軍簽約議和，歸隱到地中海的厄爾巴小島。雄心萬丈又不服輸的個性，拿破崙在第二年就潛回法國復辟，趕走法王路易十八，這時歐洲各國再組聯軍，大敗拿破崙於「滑鐵盧」，並將他放逐到大西洋的聖赫勒那島，拿破崙在五年多後去世。

一生叱咤風雲的拿破崙，臨終前最想見的人，是他與奧國公主瑪麗路薏絲所生的兒子，但未能如願。瑪麗路薏絲是拿破崙的第二任妻子，他們在一八一〇年完婚，當時公主只有十八歲，婚後第二年，公主為拿破崙生下王子，拿破崙高興極了，將兒子封為「羅馬王」，他就是拿破崙二世。至於拿破崙的第一任妻子約瑟芬，因為不曾為拿破崙生育子女，只維持了十五年的婚姻，便以離婚結束兩人關係。

西元一八三二年，拿破崙二世去世，年僅二十一歲。由於無法繼承父親的志業，所以在法國的歷史上，根本沒有記載他的事蹟。反倒是拿破崙的姪子路易．拿破崙，在一八四八年的時候，成為「法蘭西第二共和」的首任總統。

路易．拿破崙的父親是拿破崙的弟弟，曾經當過荷蘭國王，所以路易從小就被尊稱為「王子」。當拿破崙死後，法國再度陷入動盪不安，由於路易．拿破崙的身分特殊，使他成為人們希望的寄託。他野心勃勃，又好大喜功，處處都想要媲美拿破崙，他在一八五二年稱帝，更自稱是「拿破崙三世」，並把「法蘭西第二共和」改為「第二帝國」，以媲美拿破崙曾經建立的「第一帝國」。

後來，路易．拿破崙在英法聯軍之役中打敗中國，清廷和他簽下不平等條約，使法國獲得不少權益。但是在一八七〇年的普法戰爭中他卻戰敗，路易．拿破崙成為普魯士的俘虜，他的第二帝國也跟著結束，拿破崙家族只維持了三世，從此退出歷史舞臺。「革命之子」拿破崙成為人類歷史上的一頁傳奇。

南美英雄

玻利瓦

玻利瓦許下誓言，並把對妻子的熱愛，
轉化爲神聖的力量，
致力於中南美洲的民族獨立運動。

燠熱的南美洲雨林裡，一群印地安人揮汗如雨的工作，他們使勁兒的砍樹、辛勤的搬運木材，篷帳下的西班牙工頭大聲吆喝：「動作快！天黑前一定要做完，小心我的鞭子可不長眼。」

「呼！簡直是累死人了。」工頭回到屋裡，大口喘著氣，坐在椅子上翹著二郎腿，嘴裡忍不住罵道：「這些土著真笨！怎麼打罵都教不會。」這是十六、十七世紀中南美洲普遍的景象。

哥倫布自從十五世紀發現新大陸以來，西班牙人陸續佔領了中南美洲絕大部分的土地，他們摧毀了「阿茲提克」和「印加」古文明，把當地資源大批運回祖國，土著印地安人則是任由西班牙人驅使，整天做著粗重的工作，簡直是形同奴隸。

玻利瓦在西元一七八三年出生於委內瑞拉的一個西班牙人家庭。由於家境小康，所以家裡也雇用了一批印地安人充當苦力。玻利瓦的父親是個典型的軍人，總是用嚴厲的態度對待土著。

「爸爸，你何必那麼兇呢？如果好好教他們，也許會做得更好啊！」玻利瓦不解的問道。

「算了吧！對付這些人不兇是不行的。你要知道，我們西班牙人是征服者、是統治者，本來就該高高在上，土著怎能跟我們相提並論呢？將來，爸爸一定要讓你回到祖國，見識淵博的歐洲文化，你才會明白自己的優越，還有這批土著的笨拙。」父親驕傲的表示。

其實，玻利瓦的父親在南美洲土生土長，雖然是白種人，社會地位卻不能和來自歐洲的西班牙人相比。在階級分明的殖民地討生活，他總覺得有志難伸，因此對遙遠的祖國西班牙，更產生一種強烈的欽羨之情。

玻利瓦十六歲那年，果真前往西班牙求學，他前後拜訪了西班牙、法國的許多城市，沉浸在博大精深的歐洲文化裡。「唉！歐洲文化的確是博大精深，可是，他們以武力強佔了印地安人的土地，卻從來不好好治理，只會奴役人民、搜括物資，這樣惡性循環下去，中南美洲哪有可能進步，又怎麼會有文化呢？」玻利瓦由衷的感嘆，深深同情印地安人的遭遇。

三年後，玻利瓦在西班牙結婚，父親遠從委內瑞拉捎來祝福：「我不能親自前來參加你們的婚禮，但我誠摯的期盼，我的兒子及媳婦能夠百年好合，幸福美滿。」

可惜，這段婚姻只維持了一年，玻利瓦的妻子因病去世，玻利瓦痛不欲生。「為了紀念亡妻，今生今世我不再結婚。」玻利瓦許下誓言，並把對妻子的熱愛，轉化為神聖的力量，致力於中南美洲的民族獨立運動。

這時的歐洲堪稱是拿破崙的天下，他在西元一八〇四年稱帝，四年後冊封自己的哥哥約瑟夫為西班牙國王，這件事不僅引起西班牙國內的反彈，連遠在中南美洲殖民地的人民，也展開激烈的抗爭。

「太令人失望了！自己號稱具有打倒專制的理想，維護『自由、平等、博愛』的精神，現在卻大剌剌的當起皇帝，還把約瑟夫那種蠢材也拱上寶座，這簡直是開倒車嘛！」玻利瓦對拿破崙稱帝的行為大表不滿，便心灰意冷的返回南美洲故鄉。

和玻利瓦一樣感同身受的人太多了，他們牢騷滿腹：「是呀！這些來自歐洲的白人，在社會上享有特權，而我們這些在南美洲土生土長的白人，卻處處受制於他們。搞清楚呀！我們的人數比他們多太多了，他們憑

什麼掌控一切，操縱我們的主權？」

「別氣了！人數更多的，是那些印地安人和白人的混血後代，他們的地位比我們更不如，又有誰來解救他們呢？」

「唉！土著印地安人淪為西班牙的奴隸，難道這就合理嗎？」玻利瓦的好友們個個義憤填膺，針對西班牙統治中南美洲的殖民政策，慷慨激昂的提出批評。

他們說得沒錯，歐

洲大陸出身的白人是社會地位最高的「半島人」。美洲出生的白人則是「克里奧爾人」，他們的人數是「半島人」的十倍，雖然擁有些許經濟特權，但在政治上卻受制於「半島人」。白人和印地安人的混血後代叫「麥斯提左人」，人數又是「克里奧爾人」的兩倍，但卻遭受嚴重的歧視；最悲慘的是原住民印地安人，他們占全部中南美洲人口總數的一半，卻是社會最底層，忍受著被奴役的痛苦而難以翻身。

眾人的一片撻伐聲中，玻利瓦霍然站起身子，正色說道：「我以自己的生命發誓，今後將全力以赴，為解救中南美洲而努力。」

在場的人紛紛鼓掌加入，有人還激動的表示：「美國獨立成功是靠著抵抗英國的勇氣；法國大革命則是人民對抗專制的政府，他們都能如願以償，相信只要大家有決心和毅力，我們一定會贏得勝利。」於是，米蘭達、聖馬丁等人，都成為對抗西班牙的軍隊領袖，他們在戰場上前仆後繼，在將近二十年的努力中，終於爭取到哥倫比亞、祕魯、海地等國的獨立。玻利瓦在西元一八二一年成為哥倫比亞總統，三年後，又擔任上祕魯（今玻利維亞）的總統。

為了建立真正的民主政治，玻利瓦堅決不當任何地區的皇帝。他制定憲法，取消奴隸制度，鼓勵中南美洲各國的經貿合作。但是，由於各種族和派系之間的誤解鬥爭，哥倫比亞和祕魯連續發生暴動，玻利瓦甚至遭到暗殺，幸好僥倖的逃過一劫。這種種打擊讓他心灰意冷，西元一八三〇年他辭去總統一職，落寞的返回鄉下靜養，不到一年就病逝了。

玻利瓦一生為追求人類平等的權利而努力，從不自私的為自己打算或置產，因此他死時的經濟狀況可說是一貧如洗。不過正因為他的無私奉獻，感動了中南美洲的人民，直到現在，人們仍將他視為民族英雄，而「玻利維亞」的國名由來，便是為了紀念這位英雄——玻利瓦。

義大利

建國三傑

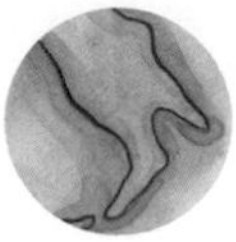

在列強的把持下，義大利的建設落後、政情分崩離析，於是熱中國家統一的愛國人士開始致力於復興大業。

締造過輝煌羅馬文化的義大利，到了十九世紀初葉，深陷於分崩離析的慘狀，只有在拿破崙稱霸歐洲時，維持過短短十年的統一；拿破崙兵敗以後，義大利分裂成十個不同的政治單位，其中僅有薩丁尼亞王國是由具備義大利血統的王室治理，其他各地則被外國勢力所控，這是義大利人痛心疾首的國恥。

在法、奧等列強的把持下，義大利的建設落後，政情分崩離析，於是，一些熱中國家統一的愛國人士，便私下組織「燒炭黨」的革命團體，致力於復興大業。不過，由於「燒炭黨」習以暗殺、暴動的強烈手段達到訴求，反而遭到許多人的杯葛，例如熱血青年馬志尼就自組「青年義大利黨」，以「恢復古羅馬光榮」為號召，喚醒大家的愛國情操。

馬志尼的積極行動，招致列強對他的敵視，讓他蒙受牢獄之災，又被迫流亡國外，但他靠著犀利又充滿感情的文筆，不斷的提醒大家：「只要我們有道德和信念、有犧牲的決心，國家終究會復興。」馬志尼終生只穿黑衣，表達他對國家受制於人的哀悼。

和馬志尼同樣懷著憂國憂民情操的，是出身貴族的加富爾。他從小受到良好的教育，接手父親龐大的產業後，更經營得蒸蒸日上，但是，心思細密的加富爾所想到的，不是如何賺取更多的金錢，而是提振工人子女的教育問題：「工人為我工作賺錢，卻沒有時間照顧自己的家庭，如果孩子失去受教的機會，以後怎麼會有前途呢？」

後來，當加富爾經營輪船、鐵路、金融等事業都十分發達時，他果真致力推廣工人教育，並輔導農業改革，讓大家都有進步的機會；至於當老闆的自己，則是展開旅遊兼考察的行程，遍遊歐洲各大城市，結交了許多名人志士，也增廣見聞；期間，他對英國所實施的議會政治特別推崇，返回義大利之後，便創辦《復興報》，鼓吹義大利能在統一之後實施憲政。

薩丁尼亞的國王艾伯特在西元一八四八年頒布憲法，成立國會，限制自己的王權，並將加富爾延攬入閣。可是，民眾的支持卻敵不過奧國的抵制，一場敗仗後，艾伯特為了貫徹負責的態度，他引咎辭職，將王位傳給兒子伊曼紐二世。

伊曼紐二世不負眾望，以敬業和忠貞的治國理念，為他贏得「最誠實國王」的美譽，在他的徵召下，加富爾擔任首相，和國王共同肩負起國家統一的艱鉅任務。

加富爾積極的展開改革，興修鐵路、獎勵工商發展、擴展外貿、加強軍隊訓練、增設邊防設施，使薩丁尼亞躍居到推動義大利統一的領導地位。

為了早日完成建國大業，加富爾意識到爭取國際支持的重要，他派兵參加克里米亞戰爭，在戰後的和平會議上，加富爾以辯給的口才、豐富的感情，痛批列強對於義大利的控制，而贏得國際同情，例如不可一世的法皇拿破崙三世，就公開表示會支持義大利的復興大業，加富爾立刻抓住機會，安排兩國王子公主的聯姻，以換取雙方的合作。

但是，詭譎多變的國際局勢，讓拿破崙三世改變態度，竟轉而支持控制義大利的奧國。加富爾憤而辭職以示負責，可是，朝野一致要求他復職。西元一八六〇年加富爾復職了，他深切的體認，統一建國的路太艱辛了，還必須找尋生力軍才行。

這時候，流落國外的軍團領袖加里波底就成為一時之選。加里波底早年加入「青年義大利黨」，是個激進的愛國分子，但在一次秘密的軍事行動失敗後，加里波底遭到通緝，甚至被判死刑，雖然他機警的逃脫了，可是再也無法在義大利公開露面，只好暫避到遙遠的中南美洲。

這時候的中南美洲，正為了脫離西班牙、葡萄牙的殖民統治而抗爭，滿懷愛國熱忱及正義感的加里波底，立刻投身於當地的革命事業，反而忘了他是來此地逃亡避難的。

加里波底的正直和熱情，為他贏得眾人的敬重，當地居民把他視為「戰神」。但是，就在一次不很成功的軍事行動中，加里波底受了傷，神情狼狽的離開現場，來到一處民宅。

屋內的少女阿妮妲不僅招呼加里波底入內休息，還幫他避開敵人的追捕，因為她久仰加里波底的大名，對他有著英雄式的崇拜。

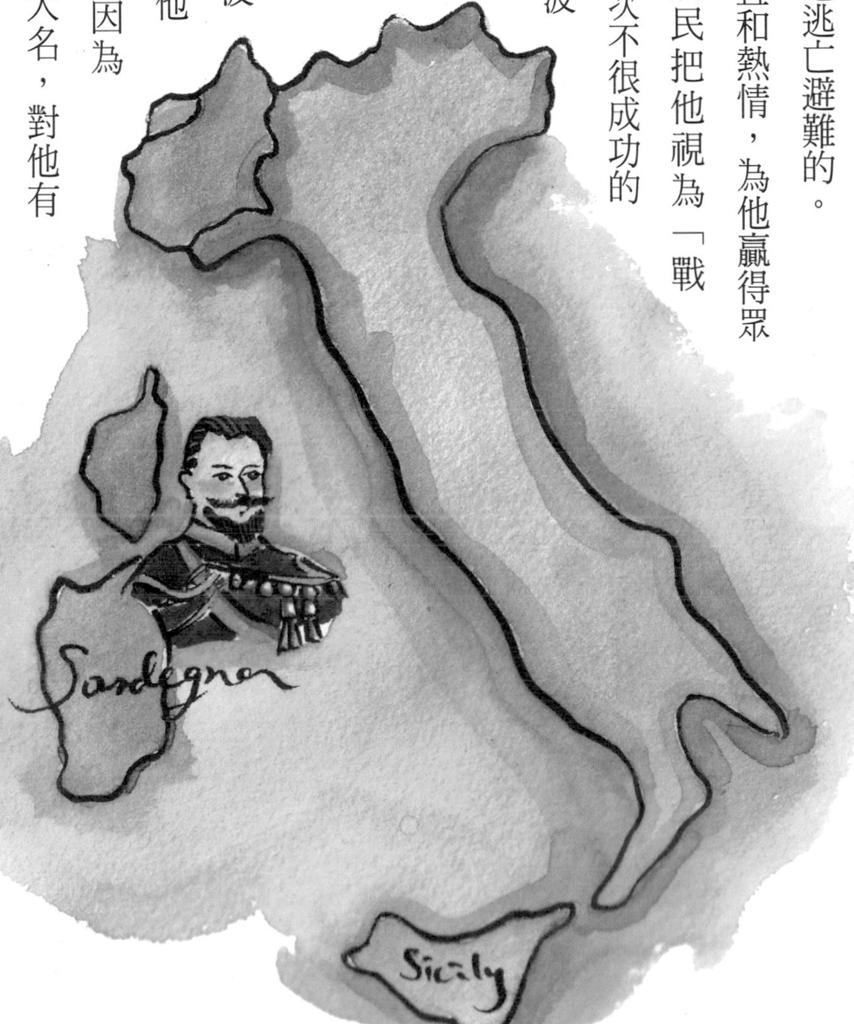

阿妮妲不顧家人反對，和加里波底私奔成婚，她直率的告訴父親：「他之所以流亡在外，不是因為作姦犯科，而是理想不容於執政當局，他是一個肯為國家民族奉獻的人，怎會是壞人呢？」

跟著加里波底四處奔波，阿妮妲不以為苦，她還出錢出力，為加里波底組織義勇軍，協助人民推翻暴虐的殖民政府。這時候，他們一起在南美洲的烏拉圭，和實力強勁的西班牙奮戰。而有限的經費僅夠支應義勇軍的武器和糧食，拮据吃緊的狀況下，加里波底的軍隊連套像樣的軍服都沒有，一眼望去，簡直就是一支雜牌部隊。

在一次偶然的機會裡，加里波底的軍隊終於有了整齊劃一的制服，不過卻是醒目的「紅色」軍服！

「天啊！你從那兒弄來這麼一批紅襯衫啊？」加里波底疑惑的望著妻子。「你忘了嗎？上回失火的那座倉庫，我們從其中搶救出的布料不就是紅的嗎？丟棄了可惜，剛好拿來縫製上衣。」從此以後，加里波底就以「紅衫軍」的威名南征北討，立下不少軍功。

加里波底在一八五〇年攻下南部的西西里島和那不勒斯王國，自己先暫代國政，等到伊曼紐二世親自率軍前來時，加里波底毫無條件的把土地交給國王，協助國家的統一。「將軍，你對國家的貢獻實在太大了，我任命你當國防部長。」國王誠懇的說。「陛下，完成復興大業是我的志願，但我對做官毫無興趣。」「哦！那你要什麼賞賜呢？」「感謝陛下的厚愛，榮華富貴我視之如塵土，如今我的心願已了，希望能毫無牽掛的雲遊四方。」原來，不想居功邀寵的加里波底決定遠行，徹底從政治舞台上引退，他向國王要了一袋大豆的種子，將來不論他落腳何處，他會種下種子，讓生生不息的植物告訴後代子孫：「這是來自我們故鄉的植物，我們永遠是義大利的子民。」

西元一八七〇年義大利將羅馬定為首都後，算是完成了統一。而前面幾位致力於統一大業的英雄，不僅為國家建設奠定基礎，也為後世樹立了典範，因而擁有「建國三傑」的美譽。

提出「進化論」的
達爾文

哪隻贏都無所謂，我只是在看這兩隻雞的雞冠和喙子有什麼不同，我根本沒打算下注賭輸贏。

「人類是怎麼來的？」「地球如何形成？」這些疑惑一直是學界討論的課題。遠在西元前的古希臘時代，哲學家亞里斯多德就大膽的假設，生物之間是互有關聯的，人類極可能是由植物或動物演進而成。不過，到了西元四世紀基督教被定為羅馬國教後，教會奠定神聖不可侵犯的權威，連帶影響到學術界對「演化」這個問題的判斷。依照《聖經舊約．創世紀》的闡述，我們生存的地球、乃至於宇宙萬物都是上帝在同一時間所創造，甚至還有「諾亞方舟」的傳奇，上帝讓每一種動物只保留一對公、母，在方舟裡避過大洪水的劫難而繼續傳宗接代。根據十七世紀教會的推算，地球只有四、五千歲，把一切解釋歸於上帝恩典，成為毋須置疑的定論。

「真的是如此嗎？同種動物之間為什麼有相同，又有不同呢？」達爾文是個喜歡觀察、探問究竟的人，他的心裡充滿不解。

西元一八〇九年出生的達爾文是英國人，他的祖父和父親都是有名的醫生，祖父還是一個筆鋒帶有感情的詩人，所以，達爾文從小接受完善的教育，但他在學校的表現並不出色，完全不像是名門之後，因為他對老師所教的拉丁文、希臘文學興趣缺缺，倒是經常靜靜的觀察大自然，仔細的判斷思考，雖然一時之間還得不到什麼答案。

達爾文喜歡觀察，而且非常專注。有一次，他在一個鬥雞的場子邊觀看，四周的加油叫好聲不斷，因為鬥雞是可以下注作為賭博的遊戲，達爾文簡直是看呆了，他趴在欄杆邊屏氣凝神的看，旁人忍不住問道：「喂！你看出端倪了嗎？究竟要賭哪一隻會贏啊？」「哪隻贏都無所謂，我只是在看這兩隻雞的雞冠和喙子有什麼不同，我根本沒打算下注賭輸贏。」達爾文揮揮手隨口說著，並請別人不要打擾他。

達爾文的父親希望他傳繼衣缽，把他送到愛丁堡去學醫，可是達爾文對病理研究毫無興趣，尤其是圍在老師身邊觀看解剖實驗，血淋淋的場面把他嚇得魂不附體。「不行！我快要吐了。」達爾文逃之夭夭，學業自然中輟。

達爾文又進了劍橋大學，父親指望他學法律。「那麼多條文我背得頭昏腦脹，不行！我快要昏了。」「孩子，你究竟要做什麼呢？去當教士吧！」熱愛大自然的達爾文當然不同意：「爸爸，讀神學多枯燥啊！對我來說那是不可能的任務嘛！」話雖如此，達爾文並沒有浪費時日，在教授的指導下，他讀了不少有關動、植物和地質方面的書，還經常出外做地理實察，達爾文覺得頗有收穫，也逐漸明白自己的興趣應該是博物學，而非醫學。

在劍橋大學教授的推薦下，達爾文在西元一八三一年乘著英國海軍的測量船出外探險，開啟他人生中新的一頁。

這一次遠航是由英吉利海峽出發，穿越大西洋、越過麥哲倫海峽進入太平洋，預計將在五年後返航。五年不算短的日子讓許多水手叫苦不已，達爾文卻樂在其中，因為他不僅拓展了眼界，還一路收集標本做研究。「我終於發現自己的志趣所在！」達爾文面對碧海晴空，愉快的一抒己懷。

當一行人來到中美洲厄瓜多爾附近的「加拉巴哥」群島時，達爾文見到重達百斤的象龜。「『加拉巴哥』在西班牙文裡的意思就是烏龜，所以這兒有許多不同種的海龜，你別看他們模樣相同，仔細瞧瞧龜殼上的花紋，還有不同的食性，你會發現他們是既類似又不同的。」島上的領事告訴達爾文。這些話對達爾文深具啟發，他也有同感，例如他觀看盤旋在岸邊的「軍艦鳥」，雖然形體外貌差不多，但仔細比對發現，不同種的

「喙子的長度和彎度有所差異，應該是和牠們的飲食習慣有關，為了啄食海裡的魚類，『軍艦鳥』必須適應不同海域的水深和魚的種類，日積月累以後，一定會造成身體結構某些部分的不同，於

是便產生不同的種類，甚至於彼此之間不再交配繁殖。」達爾文經過觀察比對而做出推論。

達爾文憑著肉眼觀察，動手勤做筆記，動腳四處搜索，他發現這兒的動物和南美洲大陸海岸邊的物種息息相關，卻因為環境的改變而造成些許不同。「就以海鳥來說吧！『加拉巴哥』群島的鳥類一定要具備長途飛行的耐力，還要禁得起挨餓，因為牠們無法像陸地棲息的鳥兒一般，可以隨時覓食、隨地休息。也就是說，環境的不同導致物種改變，而能夠適應環境的才得以存活。」這就是達爾文日後發表《物種原始》的初步概念。

達爾文從一八四四年開始著手於《物種原始》的資料整理，直到一八五九年才正式發表，立刻引起極大的震撼，尤其是書中提到人類由猿猴類「進化」而來，想當然引起廣泛的討論。達爾文本身並不善於與人論辯，不論是從宗教或是科學的觀點，

達爾文幾乎都不太理會，他只想靜靜的做實驗、寫紀錄，而不想讓外界的紛爭擾亂他的思緒。令人欣慰的是，學界逐漸接納達爾文的理論，達爾文奠定了受人重視的地位，當他在一八八二年去世時，他獲准安葬在倫敦的西敏寺，和牛頓、李文斯頓等知名人物相伴長眠地下。

達爾文所說的「進化」理論中強調「物競天擇、適者生存」，在動物界的體系中，為了生存競爭導致優勝劣敗、弱肉強食的現象。不幸的是，這種歸納的結論在廣泛的宣傳下，竟被扭曲成為帝國主義發動侵略的藉口，他們認為既然是優勝劣敗，那麼，強國應該獲得勝利而掌控一切，而弱國淪為被統治的命運也是理所當然，否則將面臨被淘汰的慘境，這是人類社會無法避免的法則，稱之為「社會達爾文主義」。

當歐、美的白種人挾帶著工業革命以後的優勢，大肆向亞、非洲發動侵略時，他們以「社會達爾文主義」的觀點而自視為最優秀的民族，把征服黃種人、黑種人這些劣等族群的戰爭視為替天行道，還大言不慚的表示這是白種人的負擔。「我們白種人是世界上最優秀的民族，拯救全人類，捨我其誰？」其實，這些謬論並不是達爾文的主張，只是侵略者粉飾其罪行的一種說詞，達爾文何辜？受此牽連真是始料未及啊！

小人物狂想曲——

狄更斯

讀者的情緒跟著狄更斯的故事內容而起伏，大家陶醉其中，也開始重視狄更斯所提出的許多問題。

街上穿梭著形形色色的行人，可是對窗內的狄更斯來說，日子永遠是黯淡無光。面無表情的狄更斯以機械式的動作，熟練的將鞋油罐標籤黏貼到罐上，千篇一律的動作，讓十二歲的狄更斯覺得厭煩；更讓他難堪的是，他必須端坐在窗口，讓過往的行人指指點點、品頭論足。

由於父親債台高築被關進監獄，母親帶著一大群孩子，連個落腳的地方都沒有，只好搬進監獄裡的家屬寄宿區，過著朝不保夕的日子。

身為長子的狄更斯扛起賺錢的重任，但不管怎麼努力，微薄的薪水，連自己的基本所需都不夠了，想要養活一大家子，這簡直是妄想。

工業革命後的英國，有錢的資本家想盡辦法剝削勞工，而勞工的生活卻暗無天日，像狄更斯這樣的童工不在少數，有些境遇更慘，他們在悶熱又危險的坑道裡搬煤炭，有時還會慘遭鞭打。跟他們相比，狄更斯算是很幸運了，更何況他還有親愛的家人。父親一出獄，便立刻把他接回家裡。

「養家是我的責任，孩子，我不要你再吃苦受罪了。」父親說。狄更斯心裡覺得好滿足，即使日子不能再回到從前，鄉下老家的房子已被查封，曾經令他神往陶醉的所有書籍早已不知去向。不過，只要有希望，狄更斯相信他們一家人一定可以在倫敦營造出新的生活。

狄更斯重回夢寐以求的學生生活，雖然老師的嚴厲令人難耐，但求取新知對狄更斯來說簡直是莫大的享受。可惜，父母親改變不了出手闊綽的用錢方式，沒過多久，家裡又陷入困境，狄更斯再度被迫休學。

十六歲的狄更斯先後在律師事務

所和法院擔任抄寫的速記工作，讓他從各式各樣的訴訟案件中看見人生百態，更加深他對有錢人財大氣粗嘴臉的厭惡。此外，狄更斯以記者的身分，申請到大英博物館的閱覽證，讓他浸淫在館內的知識領域，對求知慾強烈的狄更斯來說，這真是一件快樂的事。

從小對寫作就有興趣的狄更斯，過去一直被生活所迫，無法提筆施展；現在，狄更斯嘗試以筆名投稿。令他興奮的是，第一次投稿就被刊登出來，雜誌社的編輯還向狄更斯邀稿，真令他受寵若驚。

狄更斯逐漸在藝文界打響了名號，很多讀者喜歡他的作品，甚至遠在大西洋彼岸的美國，也有不少忠實的讀者。狄更斯不斷的筆耕，他嘗到名利雙收的滋味。

在一次重返故鄉的途中，他看到兒時和同

伴們一起探險的豪宅，猶記得當時，他們僅能以欽羨的眼光遠觀這座宛如城堡的住宅。「如果能住在裡面，那有多幸福啊！」當時大家由衷讚歎的幻想著。

現在，狄更斯有足夠的財力，立刻買下這棟豪宅。狄更斯搬進新居，得意不在話下，不過，他的內心深處仍隱藏著一段不為人知的傷痛，那就是他的初戀。

當時因為他尚未成名，父親又剛出獄，種種不光彩的紀錄，讓狄更斯的女友在家人的反對下離他而去，狄更斯永遠記得女友父親對他的輕視，那種資本主義的門第觀念，讓狄更斯深惡痛絕。

工業革命以來，人類的生活發生極大的改變，機器取代了人工，讓人們可以坐享其成，但觀察敏銳的狄更斯卻認為，享福的只是有錢人，一般人的命運都很淒慘，他們投身大都市，想要一展鴻圖，結果卻是在工廠裡辛苦的操作，忍受著惡劣的環境、管理人員的斥罵、老闆的剝削……。狄更斯為這些人打抱不平，在他的故事裡，對於各種市井小民的描述既生動又逼真，他成功的刻畫出小人物的善良和無奈。心思細密的狄更斯，也許是因為自己兒時的坎坷遭遇，在他的作品裡特別關懷兒童。血淚交織的情節中，展現出人性的光輝，卻也浮現出許多不合理的社會現象。例如膾炙人口的小說《孤雛淚》，描述孤苦伶仃的小男孩奧利佛，在育幼院裡過著飢寒交迫的日子，而育幼院的胖院長老闆是個表裡不一的偽君子，四處舉辦慈善募款，卻把錢中飽私囊，還經常虐待院裡的孤兒；最後奧利佛流落街頭，差點淪為盜竊集團的手下。歷經一番波折，奧利佛終於知道自己的身世，而過著幸福快樂的日子。

讀者的情緒跟著狄更斯的故事內容而起伏，大家陶醉其中，也開始重視狄更斯所提出的許多問題。

狄更斯的讀者眾多，他受邀到美國會見海外的讀者群。當他踏上美國本土，立刻受到熱情的歡迎，可是，當他看到赤裸著上身、綑綁著鐵鍊的黑奴，竟當街遭到主人的鞭打時，狄更斯覺得憤怒極了，他開始嚴厲的批評美國蔑視人權、罔顧道義。這種作風當然惹惱了美國人，藝文界也大罵狄更斯不懂作客之道，最後雙方是不歡而散！直到二十五年後他重返美國，才又受到肯定。

狄更斯的筆觸靈活細膩，擅於描述人性不同，特別是對小人物的描寫，堪稱寫實派作家的代表人物，他總共寫了十三部長篇小說，諸如：《塊肉餘生錄》（又譯作《大衛·考勃菲爾》）、《孤雛淚》、《老古玩店》、《耶誕述異》等。

一八九七年，他被《倫敦時報》列為英國最知名的人士，可以和維多利亞女王齊名，雖然狄更斯已經在一八七〇年去世，但榮耀齊集一身，也可說是不虛此生了。

探索非洲的

李文斯頓

面對這一片美麗卻原始的土地、善良卻愚昧的人民，李文斯頓更堅定自己為非洲人服務的決心。

頂著熾熱的陽光，李文斯頓的探險隊在荒地上踽踽前行，他們要為這片被稱為「黑暗大陸」的非洲人民，帶來上帝的福音，讓他們脫離苦難，同蒙上帝的恩寵。

李文斯頓是英國傳教士，他還是一位優秀的醫生，傳教之餘，也為非洲土著進行醫療服務。

一八一三年出生在蘇格蘭的李文斯頓，小時候的家境並不富裕，十歲起就得在棉花工廠打工，以半工半讀的方式完成學業。為了濟世救人，他不但成為傳教士，同時也是醫學院畢業的高材生。

也許是體會過貧窮的困境，加上悲天憫人的天性，所以李文斯頓很早就立志幫助世界上的可憐人。當他學成後，他決定遠離家鄉，到需要他的地方去服務。遠在亞洲的中國是李文斯頓的第一個目的地，可是，當時英國和清廷爆發了「鴉片戰爭」，中國禁止英國人入境，李文斯頓失望之餘，在偶然的機會下，他發現一處更需要他的地方，那就是貧窮落後的蠻荒之地：非洲。

一八四一年，李文斯頓到了非洲，為了和非洲土著成為朋友，他很努力的學會當地的方言，並醫好許多人的病，很快的他就聲名遠播了。

除了要適應非洲的荒蕪和酷熱之外，真正讓李文斯頓不能忍受的，是眼見白種人對非洲土著歧視和虐待的態度。

因為素有「黑暗大陸」之稱的非洲，從十五世紀以來，便成為歐洲白人捕捉奴隸的最佳場所。根據統計，從十五世紀初期，每年約有一萬多名非洲土著被賣到歐美地區為奴；到了十八世紀中葉，已增加到每年近十萬名。這些非洲土著全身被綑綁著，遭受人口販子無情的鞭打，像牲畜一般被強押上船，再運往歐美販賣為奴，境遇慘不忍睹，人口販子卻因此賺取暴利，而歐美國家也視若無睹，從未禁止過這樣的行為。

李文斯頓曾經勇敢的和人口販子搏鬥，救出一批被鐵鍊鎖住的黑奴，但是，李文斯頓無力阻止所有的販奴行為，他認為唯有幫助非洲人自立自強，進而開發當地的經濟，才是防止黑人淪為奴隸的有效途徑。

在這段期間，李文斯頓為了要醫治被獅子咬傷的肩膀，而巧遇另一位傳教士，並和他的女兒瑪麗日久生情而結婚，從此夫妻倆同心協力，一起在非洲展開醫療服務的志業。李文斯頓夫婦這種無私的奉獻，博得土著無比的崇敬，簡直把他們當成神明一般的尊敬。

雖然李文斯頓並不是第一個進入非洲的傳教士，但他是最能深入非洲的白人。一八四九年，他越過乾旱的沙漠，首次見到內陸的那米湖。

面對這一片美麗卻原始的土地、善良卻愚昧的人民，李文斯頓更堅定自己為非洲人服務的決心。他不畏環境的惡劣，在十多年間，足跡遍布非洲內陸，經歷了許多不為人知的地方，其中最有名的就是西元一八五五年發現了墨西奧突尼亞大瀑布。經由不斷的探勘地形，李文斯頓期望能為非洲人帶來更多的生機。

為了讓非洲人生活得更好，李文斯頓夫婦馬不停蹄的在各部落宣揚醫藥衛生的基本觀念，破除土著們崇尚巫術的落伍心態；以進步的醫術化解荒謬無稽的迷信傳說，他常常忙得忘了吃飯、睡眠，卻還是慈祥溫柔的為土著們醫病。一旁的助手心疼的勸他休息，但李文斯頓總是回答：「你沒看到外面還有長長的隊伍嗎？雖然我不敢保證能立即醫好他們的病痛，但是只要一想到他們是走了好遠的路，冒著酷熱千里迢迢的來到這兒，我就覺得自己不應該辜負他們的盼望啊！」

過度的操勞加上環境惡劣，李文斯頓多次染病，在妻子及友人的勸說下，他才返回倫敦休養。回到倫敦，他想讓國人多了解非洲，所以他將自己所寫的《南非考察傳教遊記》公諸於世，成為當時最受歡迎的讀物，受到世人極高的評價，維多利亞女王還親自召見他，獎勵他的貢獻。當李文斯頓病癒之後，他還是決定重返非洲服務。

再度遠赴非洲，李文斯頓又發現了許多值得開發的地方。儘管他一直強調，開發非洲所帶來的經濟效益，應該由非洲黑人所享有，可是歐美列強卻不這麼認為，李文斯頓的遊記似乎是更有利於他們對非洲的侵略，至於非洲人的福祉呢！根本不在帝國主義的考量之內。

歐美列強的作風讓李文斯頓傷心極了，他無力影響大局，只好更激勵自己繼續為非洲人民服務。他不斷的探勘，發現著名的坦干伊克湖，他著手調查當地河流的水系，想協助土著發展灌溉及農業，但經年勞累使他的健康越來越糟。一八七三年，他病逝在非洲內陸。

土著們非常難過，為了表達最後的敬意，土著們用奇特的防腐藥劑，以接力的方式把李文斯頓的遺體由內陸運到海邊，再用船運回英國，安葬在倫敦的西敏寺，結束他不平凡的一生。

李文斯頓是一位博愛的理想家，他窮畢生之力為增進非洲人民的幸福而努力，卻在帝國主義的狂瀾下抱憾而終。時至今日，非洲人民仍在戰火和饑饉中掙扎，讓人不勝唏噓！

鐵血宰相

俾斯麥

他的強悍和決心，爲他贏得「鐵血宰相」的稱號，而他積極的布局，著手統一大業的進行，看來戰爭是無法避免的。

蔚藍的天空下，映著一望無際碧綠的莊園，農民辛勤的在田中工作，這裡所有的土地都屬於住在城堡裡的一個貴族。一代名相俾斯麥，就在一八一五年，誕生於這個貴族家庭。

小時候的俾斯麥是個機靈聰穎、精力充沛的小搗蛋，他具有貴族養尊處優的習性，而且桀驁不馴，父母為此煩惱不已。

「今天鄰居來告狀，小搗蛋又踐踏了人家麥田裡的農作物，這已經不是第一次了，可怎麼辦呀？」「這孩子生性活潑，過度的約束也不是辦法，我看不如早點讓他接受教育，也許可以對他有啟發。」於是，在父母多次的協商下，俾斯麥六歲那年，被送到柏林的一所學校，開始他的求學生涯。

俾斯麥的天資聰慧，悟性極高，求學歷程一帆風順，十七歲便進入柏林大學攻讀法律。但是，他的個性狂妄，不拘小節，喜歡跟同學喝酒比武，甚至滋生事端；再加上他崇拜小說裡的騎士風範，所以他把行俠仗義、路見不平拔刀相助等情節，全納入自己的生活領域中；於是，俾斯麥成為校園裡大名鼎鼎的問題人物，讓校方頭疼不已。

好不容易捱到大學畢業，成為合格的律師，俾斯麥順利的在法院找到工作，可是，面對每天埋首處理公文的呆板日子，他簡直是忍無可忍。

「原以為法院是個伸張正義的地方，沒想到

真正來此工作，卻只能陷在公文堆裡，真是毫無意義！」於是，俾斯麥辭掉工作，回到家鄉的莊園，協助父親經營農莊。

此時的歐洲，正瀰漫在民族主義的風潮下，而日耳曼地區可說是小邦林立，情勢分崩離析，又受到強國法、奧的控制。充滿正義感和愛國情操的俾斯麥，自然不能坐視這種亂象，於是，他逐步往政壇發展。一八四七年，當他三十二歲的時候，當選為普魯士的國會議員。

此時在位的普魯士國王是個頑固又保守的庸才，對於治理國政，可說是毫無作為。而俾斯麥在政壇鋒芒漸露，先後出任駐俄和駐法大使，他以豪邁又浪漫的外交手腕，結交不少知名人士，彷彿化身為中古時代的騎士，雲遊四海且行俠仗義，浪跡天涯又擇善固執。

一八六一年，昏庸的普魯士國王因為精神錯亂而

去世，王位由胞弟威廉繼承。出身軍旅的威廉，堅信要完成統一建國的大業，必須與強權國家決一勝負，所以，他提出全國徵兵制的計劃，強迫每個成年男子都要在軍中服役三年，退役後還要以後備軍人的身分，不定時的接受軍事訓練，這樣才能增強國家的戰鬥力。可是，隨著人口的增加，不僅兵員人數暴增，連後備軍人的數目也增加一倍，連帶使國防經費大增，於是，國會提出質疑，要求威廉削減軍費支出，並減少兵員人數。

「陛下，難道您希望人民誤以為您是個好戰分子嗎？」國會議員中肯的提出建議。

威廉秉持著軍人本色，義正辭嚴的回答：「軍事是國家的根本，無關乎我個人的價值觀。」於是，國王和國會鬧得不可開交，這時有人向國王建議，不妨從法國召回俾斯麥，希望他能打破僵局。

一八六二年，俾斯麥回國擔任首相，他開始推動日耳曼的統一運動，並在國會發表演說：「同胞們，完成立國大業，絕不能靠投票表決來定案，那是耗時又無成效的浪費，如果要解除阻力和障礙，唯有訴諸軍事戰爭和經濟實力，才能達到建國的目標。」俾斯麥的強悍和決心，為他贏得「鐵血宰相」的稱號，而他積極的布局，著手統一大業的進行，看來戰爭是無法避免的。

普魯士先後和丹麥、奧國、法國發動戰爭，以訓練精良的部隊擊敗丹麥；又把最新發明的電話運用在普奧戰場，立刻收到指揮和調度軍隊的功效，而且使用改良的後膛撞針槍砲，使士兵可以趴伏在地上向敵方射擊，大大減少了人員的傷亡；反觀奧國軍隊，由於使用傳統式步槍必須站立作戰，很容易便遭到射殺，所以短短的七個星期，堂堂奧國便慘遭敗北；和普魯士相鄰的法國敗得更慘，不僅首都巴黎淪陷，連國王拿破崙三世都被普軍俘虜。一八七一年一月，俾斯麥和大軍簇擁著威廉，占領了凡爾賽宮這座法國人心目中的精神堡壘，威廉正式登基，將國名定為「德意志帝國」，他就是德皇威廉一世，德國終於完成統一的建國大業。

軍事行動暫時告一段落，俾斯麥開始著手國內工商業的發展，歷史學家形容此時的德國：「工廠煙囪的出現，有如雨後春筍。」年近六十的俾斯麥不再輕狂，但一如年少時，秉持著騎士的俠義之風，他開始研究社會福利政策，以照顧弱勢團體。在他的規劃下，國會通過了「三大保險法」：疾病保險法、意外事件保險法和年老保險法，俾斯麥仁民愛物的胸襟，使他成為歷史上第一個推動福利政策的政府官員。威廉一世去世後，繼任的威廉二世和俾斯麥理念不合，解除了俾斯麥的宰相職務，於是他歸隱田園，以撰寫回憶錄平靜度日，直到一八九八年逝世，「鐵血宰相」四個字深深的烙印在德國人的心中，直到永遠。

帝國的榮光——

維多利亞女王

她完全以國家興亡爲己任，
小小年紀竟發出豪語，
準備將畢生心力全然奉獻給國家民族。

被尊稱是「大不列顛和愛爾蘭聯合王國女王」及「印度女皇」的維多利亞，是英國歷史上在位最久的君王，共計六十三年。西元一八三八年當她登基的時候，只不過是個十八歲的少女。

維多利亞於西元一八一九年在倫敦出生，當她未滿一歲時，父親便去世了，此後由出身德國貴族世家的母親扶養長大，並由舅舅比利時國王李奧波爾德擔任監護人。如此的成長背景，將維多利亞培養出過人的勇氣與毅力，當她承繼王位時，她完全以國家興亡為己任，小小年紀竟發出豪語，準備效法十六世紀最偉大的女王伊莉莎白一世，將畢生心力全然奉獻給國家民族，以終生不論婚嫁來完成建國大業。

可是，兩年後的一次邂逅，竟讓女王墜入愛河……。在一次宮廷宴會中，女王的遠房表哥亞伯特前來覲見。女王偷偷的端詳著亞伯特，心裡突然萌生愛意，而亞伯特雖然不敢直視女王，但他似乎覺得，這個表妹有著似曾相識的親切。「難道這就是天意嗎？」亞伯特也不免迷惑。「沒錯！還記得女王陛下剛出生的時候嗎？我們曾經前來賀喜，那時我就說過，你們這兩個孩子將來真是天造地設的一對兒啊！」亞伯特的外婆在一旁笑呵呵的說道。坦白說，亞伯特並不記得外婆當時說的話，更想不起襁褓中的女王是什麼模樣，他只是覺得，維多利亞女王嚴肅的外表下，有著一份熾熱的情懷。

愛情的魔力雖讓女王意亂情迷，但她有著過人的智慧和果斷的行事風格，她很快的釐清思緒，決定了自己的終身大事。當然，女王不免有著小姑娘的一份嬌羞，但正如大家對她的恭賀一般，有道是男大當婚、女大當嫁，更何況女王肩負著治國重任，有了王夫的協助，也未嘗不是一件好事。「陛下明智！遙想當年伊莉莎白女王縱然不可一世，但她因為未曾婚配以致王位懸虛，後繼無人，這真是女王的畢生遺憾啊！」英國皇室對維多利亞的大喜，有著欣然的祝福。

婚後的維多利亞和王夫感情如膠似漆，他們生養了四男五女，儘管女王的國務繁重，但她喜歡親自哺乳、體會做母親的喜悅，所以，在英國臣民眼中，女王是個能夠兼顧家庭與事業的女強人。

自從十八世紀展開工業革命以來，到了維多利亞的時代，各行各業已經廣泛的使用

機器，使英國的經濟蒸蒸日上而國力大增。這時候，女王毫不留情的對中國發動戰爭，把衰敗落後的清廷打得是落花流水，這就是一八四〇年發生的中英鴉片戰爭。

鴉片戰爭是中國近代史上的第一場對外戰爭，充分暴露出朝廷的顢頇無知，若是和英國相較，不論政治軍事或外交，中國根本不是英國的對手。女王在戰爭中取得決定性的勝利，又在條約中獲得許多權益，例如「東方明珠」香港就在此時割給英國，接受長達一百多年的殖民統治。

既然洞悉中國的衰敗，女王接

著又發動兩次英法聯軍，大軍直逼北京城，嚇跑了咸豐皇帝、燒毀了圓明園，清廷還簽下一紙紙割地賠款的條約。維多利亞為大英帝國的榮耀更添光彩，卻讓中國受創更劇！

在維多利亞勵精圖治的治理下，英國的殖民地遍及全世界，而有「日不落帝國」的美譽。除了香港以外，亞洲的印度也是英國最廣大的一塊殖民地，而女王曾在一八五七年以嚴厲的軍事行動，鎮壓印度的動亂，展示帝國主義的強勢作風。

精明強悍的女王也有無助軟弱的一面，那就是當一八六一年亞伯特去世時，女王頓時失了依靠而痛不欲生。「神啊！請賜給我力量，讓我為國家、為孩子而持續堅強。」女王哭倒在丈夫靈前。此後，她永遠是一身黑衣素服，只穿戴黑色系珠寶首飾。女王為丈夫守節長達四十年，堅貞肅穆的形象，讓英國臣民是既心疼又尊敬。

維多利亞女王精於治國，對子女的教導更是不遺餘力，當孩子們逐漸成長，她開始費心張羅兒女的婚姻大事，除了門當戶對的理由，她更藉由聯姻的方式拓展外交，所以，女王的子女個個嫁娶得風風光光，不是皇室就是貴族。例如她的長女嫁到德國，女王便和德皇威廉一世成了親家；女王的次子娶了俄國公主、女王的孫女是羅馬尼亞皇后、另一個外孫女是希臘皇后，還有一個則遠嫁俄國，甚至連現今的英國女王伊莉莎白二世夫婦，都和維多利亞有著親屬關係。因此，當女王的後代子孫承繼各國王位時，幾乎都和女王血緣相連，所以有人將維多利亞戲稱為「歐洲的阿媽」，還真有幾分道理。

不幸的是，這麼龐大的家族，卻因利益衝突而彼此征戰，例如在第一次世界大戰中互相敵對的德皇威廉二世和俄國沙皇尼古拉二世，就分別是女王的外孫和外孫女婿，這種骨肉相殘的悲劇，可能是女王當初始料未及的啊！

維多利亞女王在一九〇一年去世，她的時代正是英國最精壯強盛的階段，因此史家將其稱之為「維多利亞時代」。世界上至今仍有一些湖泊河川或港口是以「維多利亞」來命名，足見其地位的重要。遙想女王在西元一八五一年和王夫亞伯特攜手主持倫敦「萬國博覽會」的開幕，不僅向世人宣示著英國工業革命的進步，更如媒體所報導：「這一天，全世界的不同族群卻為同一目的而總動員。」維多利亞將永遠存在全世界人們的記憶中。

無情荒地有情天——

法布爾

雖然這裡滿是礫石和野草，但是多年夢想要擁有一片觀察昆蟲的小天地，現在終於達成了。

法布爾黯然的離開亞威農中學。落日餘暉照著他孤寂的身影，他戀戀不捨的凝視著古香古色的校舍，和校園中美麗如茵的花樹，這一花一木都是他十年來辛勤栽植的成果，不僅成為賞心悅目的景觀，更是他教學研究的好教材，連花叢中飛舞的蝴蝶、小蟲、盛開的野花和小草，在他看來都充滿了生命的喜悅。可是，現在這一切都將離他而去，幾十年來艱苦奮鬥的往事，點點滴滴重現心頭。

一八二三年，法布爾出生於法國南部的小山村，父母都是農民，生活十分艱苦。

法布爾從小喜愛昆蟲和植物，在沉重的農耕幫忙之餘，他徜徉在大自然裡，與花木昆蟲為伴，這是他最大的快樂。法布爾不畏懼模樣各異的蟲子，反而覺得好奇又驚訝，牠們的型態不一，習性更是千奇百怪，法布爾多希望去研究牠們啊！

法布爾也喜歡飼養昆蟲，一旦發現稀有的蟲子，就是他最大的驚喜。但是如果蟲兒不幸死了，法布爾還會做成栩栩如生的標本，這份本領博得同齡孩子的讚賞。

雖然生活窮苦，法布爾陶醉在他的昆蟲世界裡，依然滿足而快樂。只有他的父母暗暗擔心，不禁自問：「難道這孩子將來要靠這些蟲子過活嗎？」

法布爾十三歲時，考進當地的中學，使他進入另一個知識的新天地。他熱切的學習每一門功課，尤其是文學方面，他的拉丁文和希臘文是全班最好的，於是老師鼓勵他寫作，將來做一位偉大的文學家。

可是，厄運似乎總跟著窮苦的人，一連兩年的乾旱，嚴重影響農民的收入，他們望著乾涸的農田，卻是束手無策。

法布爾每天看著父母愁苦的表情，決定放棄學業。父母雖然不捨，但法布爾堅毅的表示：「我已經十四歲了，可以到城市去找工作。至於求學，請你們放心，我絕不會放棄，因為那是最重要的事！」

辭別了父母家人，法布爾來到四顧茫茫的城裡，看著匆匆來往的行人車馬，真不知該何去何從？

法布爾口袋裡只有幾枚硬幣，一種從來沒有過的恐懼浮上心頭，法布爾孤獨的坐在公園座椅上，從黃昏到深夜。

一陣腳步聲驚動了法布爾，抬頭一看，一個警察正站在他面前。「孩子！這麼晚了，怎麼還不回家？」法布爾茫然的搖搖頭，訴說自己的狀況。這位好心的警察建議他做小販，並將法布爾介紹給街上水果行的老闆。

第二天開始，法布爾展開小販的生涯。在忙碌的叫賣中，他總不忘記帶幾本書，稍有空暇，就靜靜的閱讀，一段時間後，人們都認識這個愛讀書的小孩。

兩年過去，做小販雖然維持了最低的生活所需，卻是艱苦而辛勞，白天四處叫賣，夜晚有時借住朋友家，大部分的時間是露宿在公園、車站或市場內。可是法布爾不以為苦，因為他已經立下奮鬥的目標，那就是考進亞威農師範學校。因為這是本區唯一的公費學校，像法布爾這樣貧窮的孩子，這是唯一也是最好的選擇。

在一個偶然的機會裡，法布爾進入鐵路局工作。雖然在別人眼中，那不過是個搬運工，可是法布爾卻大喜過望，至少從此不必露宿街頭；更重要的是，下了班，他可以安靜的讀書。終於，十九歲的法布爾順利考進了亞威農師範學校，並且以優異的成績得到獎學金，他用功讀書，為做一個誨人不倦的好教師而努力。

從苦工搖身一變成為師範生，法布爾的欣喜可想而知。可是他絲毫沒有懈怠，他更加努力的鑽研學問，事實上，他也從未中斷對自然界的研究。畢業後，法布爾先後在當地小學、科西嘉中學任教，最後轉到亞威農中學。

他一面工作，一面自學，先後拿到數學、物理以及博物學科的學士學位。他的格言是：「學習這件事不在乎有沒有人教你，最重要的是有沒有悟性和恆心。」

成為中學教師後，法布爾對昆蟲的興趣更為濃厚，他經常帶領和指導學生觀察研究昆蟲，這種直接的教學方

式，提高了學生們對生物學的興趣，法布爾也十分高興。可是萬萬沒想到，這種做法卻引起亞威農校方強烈的反對，最後不得不離開這個令他十分喜愛的工作。

因為當時的社會風氣非常保守，加上教會人士在學校董事會裡擁有極大的影響力，他們認為，法布爾在女生班講解昆蟲的交配行為，嚴重違反了教義和善良風俗，而紛紛提出指責。當法布爾的解釋不被接受時，他只好黯然離去。

法布爾失去教職，篤信天主教的房東又把他趕

離住處，跟著又遭逢喪子之痛，一場嚴重的肺炎幾乎讓他喪命。法布爾在心力交瘁之餘，舉家搬到友人家借住，以寫作度日。

一八七九年，法布爾借了一筆錢，在附近買下一棟義大利風格的房子和一公頃荒地，他用故鄉普羅旺斯語，把這塊荒地命名為「荒石園」。雖然這裡滿是礫石和野草，但是多年夢想要擁有一片觀察昆蟲的小天地，現在終於達成了。

在日曬熱烤、荒焦不毛的土地上，法布爾與昆蟲共舞三十年，完成十冊跨越科學與文學的不朽鉅著《昆蟲世界》。《昆蟲世界》是法布爾窮畢生之力，記錄研究昆蟲的心得，他以樸實、清新的筆調，提出對生命價值的深度思考，既充滿童心又富有幽默感。法國名作家雨果稱讚法布爾是「昆蟲世界」的古希臘詩人荷馬。

一九一五年十月十一日，法布爾因病去世。臨終前，他看到陽光下飛舞的小蟲子，眼中流露出依依不捨，彷彿在說：多希望來生依然能與你們相聚……。

明治維新立新貌

若要救亡圖存，讓國家迎頭趕上歐美，此非我一人之力可達，必須上下一心，共展經綸。

「讓我們以非必勝即必死的決心完成任務，衝啊！」響徹雲霄的吶喊聲中，武士們格鬥廝殺，血腥的場面令人驚悚，這正是日本幕府時代經常出現的場景。

位於中國東海的日本，和中原有著密不可分的淵源。西元一世紀中國東漢光武帝在位時，因為日本前來朝貢，得到光武帝欽賜的「漢倭奴國王」金印；百餘年後的三國時代，魏明帝賞賜日本許多生活用品，又派使節赴日宣揚國威，並將當時掌政的女王稱之為「親魏倭王」，可見雙方關係的密切。

大唐帝國建立以後，不僅國勢趨於鼎盛，學術文化也極為發達，這時在位的孝德天皇便發起「大化革新」，可說是一次大規模的唐化運動，甚至在孝德天皇逝後，改革仍舊持續進行，中國的典章制度、生活習俗、律令、建築等等，都傳入日本，連日本的文字「片假名」和「平假名」也都是仿漢字而成，從此以後，日本便是漢化最深的國家了。

不過，九世紀以後的天皇逐漸失權，封建勢力卻逐漸增強，他們各自率領著武士集團敵對仇殺，天皇權威蕩然無存，只剩下一個形同虛設的朝廷。武士之間的私鬥，使得社會秩序動盪不安，而最後贏得勝利的一方便掌控軍政大權，天皇將他封為大將軍，這就是日本幕府政治的開始。

幕府時期國家實行封建制度，經過嚴格訓練的武士是為貴族，他們以盡忠、服從不怕死為信條，可說是一群驍勇善戰的私人部隊；但是，群雄紛爭的私戰折損了國力，也讓日本一直停留在傳統保守的中古時代。

「快來看哪！好大的船靠岸了。」「咦？這些人怎麼長成這樣？」這是西元一五四三年第一次有歐洲人進入日本海域，他們是遠航而來的葡萄牙人，高鼻深目的模樣讓當地人大吃一驚。

葡萄牙人的船隻到了日本九州的種子島，從此日本武士學會洋槍的製造方式，也開始接觸西方文化；不過，自視甚高的日本人根本看不起歐洲人，他們把歐洲人稱為「南蠻人」，船隻叫「南蠻船」。「這批人長得是奇形怪狀，帶來的東西倒還滿實用的。」日本人一邊譏諷洋人，一邊和所謂的「南蠻人」做起買賣，雙方均有所獲益。

隨著通商貿易的往來，天主教教士也來到日本，在各地展開傳教事業。遺憾的是，隨著傳教士的人數增加，卻衍生出不少問題。「洋教士強調唯一真神是耶和華，嚴重違背我們神道教的宗旨。」「沒錯！這和佛教的觀念也有出入，我們不能任由這批洋人胡言亂語，擾亂人心。」一些武士兇狠狠的談論著，在他們心目中，唯有日本自己的一切才是最好的，他們不接納也不包容其他的文化。

不幸的是，一些傳教士為了拓展教區，竟介入武士之間的明爭暗鬥，讓原本就已十分複雜的政情更加混亂。一五八五年當豐臣秀吉統一日本後，他乾脆下令禁教，驅逐傳教士、拆毀教堂，日本從此進入「鎖國時期」，開始閉關自守，對外界的變化一無所知；而此時正是歐洲開始突飛猛進的時代，日本畫地自限，成了不知天高地厚的井底之蛙。

隨著時光流逝，日本各層面的風貌依舊，保守的江戶幕府還下達命令，要求沿海各地的諸侯不要和外國船隻有所接觸，即使是外國船隻因遇風浪而要求援助時，也不必有所理會。這種極端的保守政策，讓日本失去了解外界的機會，自身的進步當然也就很有限了。

十七、十八世紀的歐美國家，經過工業革命的洗禮而勢力大增，他們當然不會輕易放過日本，特別是在中英鴉片戰爭之後，中國的落後腐敗在戰爭中顯露無遺，歐美列強喜孜孜的表示：「這東亞小國日本比起堂堂大中國，恐怕也好不到哪兒去吧！」於是，

挾帶著船堅砲利的優勢，美國艦隊在一八五四年直逼江戶灣，日本終於見識到洋人的厲害。

以勇武忠誠著稱的武士當然不是洋人的對手，江戶幕府愧然認輸，剛簽下條

約解決了美國的威逼，英、俄、荷蘭等國接踵而至，日本自知不敵，一紙紙不平等條約續簽，日本朝野上下顏面盡失，要求改革維新的呼聲高漲，這時候即位的就是明治天皇。

西元一八五二年出生的明治天皇幼名祐宮，他在一八六〇年被立為儲君，七年後正式登基，次年訂年號為「明治」，這時正是內憂外患交相迫的非常時期，江戶幕府的第十五代將軍德川慶喜難服眾望，各地諸侯紛紛成立反幕府聯盟，要求王政復古，將國家治權交還給天皇，此時的明治天皇還不滿二十歲。

國外是帝國主義的強取豪奪，國內是諸侯內戰的紛擾動亂，明治天皇明白這是存亡的關鍵時刻，徹底改革勢在必行。「若要救亡圖存，讓國家迎頭趕上歐美，此非我一人之力可達，必須上下一心，共展經綸。」明治天皇在西元一八六八年正式下令改革維新，進行各層面的西化學習。

首先將首都遷到東京，以「求知識於世界」、「破除舊日陋習」為原則，促使日本建立脫胎換骨的新風貌。為了促使全國統一不再諸侯割據，天皇一聲令下廢除封建，全國近三百個大權在握的諸侯，都能基於愛國情操而還政於王，未經征戰便和平的轉移政權，這是大家共體時艱的具體表現。接著是擴建新式軍隊，在中央設立兵部省，推行徵兵制，並採西式練兵的訓練強化武力，即使是備受尊敬的武士，此時也必須絕對服從，重新接受考驗。「過去我們接受最嚴格的訓練，如今難道一切已成空？」「不是『空』，而是新的開始！為了國家的未來，我們必須放棄成見，服從既定的政策，就讓我們再一起接受更嚴格的新式訓練吧！」武士們吐露了心聲，讓日本在短短數十年間，成為亞洲武力最強大的國家。

明治天皇所重用的第一任內閣總理伊藤博文曾經留學英國，非常欽佩英國完善的政治體制，於是，他再參考德國的憲法而制定日本憲法，穩定中央官制，也確立君主立憲的體制。這個伊藤博文在外交方面也是個厲害角色，一八九五年當中日甲午戰爭中國戰敗時，他和前來求和的清廷特使李鴻章展開談判，咄咄逼人的態度讓中國難以招架，即使李鴻章遇襲受傷讓日本深感愧疚，但終究敵不過伊藤博文的威逼，李鴻章簽下「馬關條約」，割讓了台灣、澎湖。

又為了促進產業提升，明治維新的經濟改革項目中，制定出各種獎勵新式工業生產的方式，讓各行各業都能蓬勃發展且迎向國際化，這種突飛猛進的成果讓國家實力大增，日本搖身一變也成了帝國主義開始向外侵略，一八七四年先在台灣製造了「牡丹社事件」，二十年後就把台灣納為殖民地。到了一九〇〇年八國聯軍入侵中國，日本趁機製造黑龍江慘案，威逼數千名中國人跳江自盡，並佔領東北全境，但因俄國對東北覬覦已久，此舉讓俄國備感威脅，兩國在西元一九〇五年爆發戰爭，結果，堂堂帝俄竟敗給小小的島國日本，足以證明日本改革成功，終於躋身到世界強國之林。

明治天皇在西元一九一二年去世，他的改革為日本奠定現代化的基礎，卻不幸走上軍國主義的路線。不斷對外發動戰爭的結果，是在二十世紀中葉挑起第二次世界大戰，最後因兩顆原子彈結束了戰爭，日本也遭受空前的創傷。

王者之風

威爾遜

孩童時期的威爾遜表現平平，
他的體質虛弱，又有嚴重的近視，
甚至到九歲時還認不了幾個字呢！

原籍愛爾蘭的威爾遜，他的祖父早在十九世紀初便移民到美國，由於祖父和父親都是牧師，威爾遜從小便濡沐在濃厚的宗教氣氛中，因此培養出他慈悲、正直的人生觀，使他步入政壇後，一直強調以道德外交、和平主義做為施政訴求。

孩童時期的威爾遜表現平平，他的體質虛弱，又有嚴重的近視，甚至到九歲時還認不了幾個字呢！不過，威爾遜很喜歡演說，常利用假日對著空教堂練習。到了少年時期，威爾遜的成績開始突飛猛進，進入普林斯頓大學後，他立志朝向政壇發展。「參加辯論社訓練口才和思維，這是我的第一步。」威爾遜為人生做好了規劃。

當威爾遜三十歲時，得到霍普金斯大學哲學博士的學位，便在大學裡任教。他的學識素養豐富，教法十分活潑生動，二十五年的教學生涯中，深受學生的喜愛，眾望所歸之下，他成為母校普林斯頓大學的校長。

威爾遜成功的經營校務，也使自己的聲望日升。一九一一年，他順利當選了新澤西州州長，為從政之路開啟了門扉。

威爾遜在擔任州長任內，政績卓著，建立了清新、親和的形

象。兩年後，他入主白宮，成為美國第二十八屆總統。

擔任總統一職，讓威爾遜從政的美夢成真，也讓他面臨更大的挑戰。他的各項施政表現優異，不僅加速美國的經濟發展，更擴大了對外投資的範圍；但論及外交領域，威爾遜坦承自己是個門外漢：「這些國名對我而言太陌生了，過去我只在地理課本上看過啊！」即使如此，威爾遜非常認真的學習，他力求改善和中南美洲的關係，希望能建立「泛美聯盟」，強調不再像前幾任總統，用武力和金錢去控制中南美洲的獨立國，他也努力維持中南美洲的安定。因此，當墨西哥發生武裝政變時，威爾遜斷然拒絕承認新政府，並且公開表示，他鄙視當政者以暗殺對方的手段奪取政權。

威爾遜上任之時，正值孫中山先生率領革命同志推翻滿清、建立中華民國。威爾遜對於辛亥革命成功，給予極高的評價。但他眼見民初政局不穩，以及軍閥的禍國殃民，威爾遜又寄予極大的同情：「袁世凱是個極具野心的軍閥，他為了達到個人目的，不惜犧牲國家權益，逕向各家外國銀行大肆借款。美國不能多行不義，以借款為名趁機對中國進行侵略之實。」威爾遜正義凜然的表達立場，退出對華借款的談判團體。威爾遜的做法，不僅贏得中、美朝野一致的認同，也強化了中國對美國的信任。

國際局勢的詭譎多變，更考驗著身為總統的威爾遜，一九一四年，第一次世界大戰爆發，威爾遜選擇中立，維持國內的安定。但因為軍火輸出，美國難以置身事外，戰前美國的軍火輸出額是四千萬美元，戰時則暴增到二十四億八千萬美元，重工業的蓬勃發展，為美國贏得利益，卻失了外交；而軍火輸出集中在支持英、法等「協約國」，此舉自然引來德、奧等「同盟國」的不滿，美國想要保持中立，似乎已是事與願違了！

一九一六年，威爾遜贏得總統連任。次年，美國向「同盟國」宣戰而加入戰爭，使美國面臨前所未有的衝擊，但也迅速的扭轉戰局。兩年後「同盟國」戰敗，第一次世界大戰結束，人類歷史上一場空前的浩劫終於結束了。

戰爭平息後，威爾遜滿懷救世熱忱參加巴黎和會，會中他提出了「十四點原則」，以維持人類和平。其中包括民族自決、裁減軍備、杜絕祕密外交、建立永久性的國際組織「國際聯盟」等等。威爾遜的努力，使他榮獲一九一九年的諾貝爾和平獎。可是，英、法等國為了維護自身利益，根本漠視威爾遜的提議，與會人士竟有人譏笑威爾遜說得太多，甚至對於日本提出的無理要求也肯多所讓步，那就是將中國的山東權益由戰敗國德國手中轉讓給日本。先前中國朝野一致希望威爾遜能夠主持公道，協助中國收回山東的主權，沒想到日本的蠻橫、英法的姑息，竟使威爾遜也屈服了！過去中國人曾在北京的美國大使館前高呼：「威爾遜萬歲！」此刻，中國人卻在北京街頭痛心的吶喊：

「還我山東、威爾遜處事不公！」

頂著諾貝爾和平獎光環的威爾遜回到國內，卻不能贏得大眾的認同，因為參戰所帶來生命財產的損失難以估計，所以國會根本不批准美國加入「國際聯盟」。「身為提議國卻不支持，『國聯』還能生存嗎？真叫人情何以堪啊！」威爾遜心情沮喪不已，但他還是打起精神到各地演說，宣揚自己的政治理想。不過，飽受戰火驚嚇的美國人並不支持他，威爾遜的聲望下跌，總統一職卸任後，他過著深居簡出的生活，三年後與世長辭。

威爾遜是美國歷史上難得一見曾榮獲博士學位、諾貝爾和平獎的學者型總統。「國際聯盟」因為美國的缺席而難以運作。不過，二次世界大戰後成立的「聯合國」，秉持著和「國際聯盟」相同的原則和精神，讓人不得不佩服威爾遜的先見之明啊！

末代皇帝

尼古拉二世

對內的治理失當，對外也因戰敗而重挫帝俄雄風，堂堂俄國在一九〇五年的日俄戰爭竟敗給島國日本！

璀璨的煙火映照夜空，令人目不暇給；聖彼得堡的皇宮裡舉行盛大的宴會，歌舞昇平的景象讓人陶醉，今天是俄國的大日子——新任沙皇尼古拉二世登基加冕，舉國歡騰是順理成章，似乎沒人記得白天剛剛發生的不幸……。

「吾皇萬歲！」「為羅曼諾夫家族執政三百年乾杯！」大臣和貴族們齊聲歡呼，各國使臣、貴賓也一一向沙皇致敬，其中還包括來自中國的李鴻章。

俄國位於中國北疆，一直以中國的友邦自居，尤其自中日甲午戰爭結束後，清廷慘敗給日本，被迫簽下喪權辱國的「馬關條約」，必須將台灣、澎湖以及遼東半島割給日本。這對中國來說固然是一大打擊，對俄國而言，也是無法坐視的一件大事：「小小日本打敗中國，已經得到台、澎等地，難道還不滿足嗎？這遼東半島是我帝俄的囊中物，怎能讓日本人捷足先登！」

於是，俄國動用和德、法兩國的盟邦關係，強逼日本把遼東半島還給中國，清廷花了一筆錢把遼東半島贖回來，簡直是大喜過望。因為中國朝野對外交伎倆和國際盟約都不甚了解，如今竟能收回原已失去的土地，怪不得大家一致親俄，把俄國當成是救命恩人，李鴻章能以清廷特使的身分，親自覲見沙皇尼古拉二世，更是莫大的榮幸。

不過，尼古拉二世則是心中自有盤算，他早已看出中國的軟弱可欺，現在對俄國又是百依百順，這正是他可以豪取強奪的大好機會。後來李鴻章在沙皇的誘使下簽了「中俄密約」，平白無故的給了俄國許多權益，尼古拉二世得意極了，說實在的，他就是這麼一個陰狠狡詐的人。

就以沙皇即位當天的情況來說吧！宮內的國宴持續進行到午夜，一片歡騰的氣氛中，尼古拉根本忘了白天所發生的慘劇……。

「沙皇今天在賀登廣場舉行就職大典，咱們去看熱鬧啊！」「好哇！聽說今天沙皇會賞賜金幣呢！」「沒錯，這是歷任沙皇留下來不成文的規定，我們得趕早搶個好位子，才能拿得到金幣喔！」民眾興奮的談論著，大家踏著輕快的步伐前往賀登廣場。

可是，這個廣場原是訓練軍隊野戰演習的地方，地面上坑坑洞洞、戰壕溝渠橫七豎八，沙皇的就職典禮安排在搭建的高台上，卻沒有替民眾的安全作考量，結果，當沙皇由高台撒下金幣時，數十萬人推擠爭搶，在沒有任何防範措施下，數以千計的民眾被踩死或受傷，廣場上立刻亂成一團。

尼古拉二世結束了廣場上的典禮，興高采烈的回到皇宮，卻接獲部下的報告：「陛下，由於人民互相推擠、秩序失控以致造成傷亡……」「住嘴！」尼古拉二世勃然大怒：「今天是朕大喜的日子，也是國家的慶典，你說這些喪氣的事做什麼？不會派軍隊維持秩序嗎？不會用卡車把屍體搬走嗎？」在沙皇的盛怒和斥責下，大家嚇得連聲稱是，只好加派士兵迅速清理出事現場，受傷的民眾不分死活，一律被扔上卡車，像貨物一般運走。總計這場人為疏失的悲劇，共造成四千人死亡、三千人重傷的不幸；不過，尼古拉二世絲毫沒放在心上，他興致高昂的參加皇宮晚宴，因為，尼古拉二世從沒關心過人民的福祉，他的執政理念是：「沙皇的威權來自神的賜予，這是至高無上的，所以人民必須絕對服從。」

羅曼諾夫家族以威權統治俄國長達三百年，期間曾經有過力圖改革的「解放者」亞歷山大二世，可是，開放改革的結果竟是亞歷山大二世遇刺身亡，這讓繼任的沙皇有所警惕，必須以更嚴密的控制來確保臣民的效忠、維護皇室的尊貴，尼古拉二世自二十六歲登基以來，最關心的也就是這些了。至於他的皇后愛麗絲，更是個不識民間疾苦，卻

只知享樂的貴族子弟。

愛麗絲的母親是英國女王維多利亞的次女，父親是日耳曼王子，她從小養尊處優，嫁入俄國宮廷之後，和尼古拉二世的感情融洽，唯一的遺憾是生了四個如花似玉的公主，獨缺得以繼位的王子。

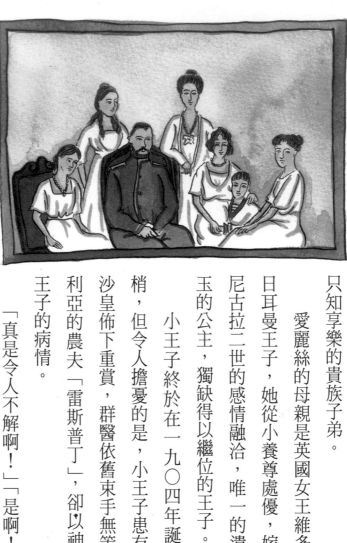

小王子終於在一九〇四年誕生，沙皇夫婦喜上眉梢，但令人擔憂的是，小王子患有先天的血友病，儘管沙皇佈下重賞，群醫依舊束手無策，直到一個來自西伯利亞的農夫「雷斯普丁」，卻以神祕的巫術暫時控制住王子的病情。

「真是令人不解啊！」「是啊！這個傢伙目不識丁、其貌不揚，看不出來竟是深藏不露。」大臣貴族們嘖嘖稱奇，開始對雷斯普丁另眼相看，因為，他已經成為沙皇眼前的大紅人，任誰也不敢得罪啊！

有了沙皇撐腰，雷斯普丁肆無忌憚的收受賄賂，在宮裡大剌剌的搬弄是非、陷害忠良，更加敗壞政治風氣。這時候，尼古拉二世仍舊秉持著專制的作風，動不動就解散國會，將憲政視同兒戲。「搞什麼假民主，國會裡有二十幾個黨派，如果聽他們各執一詞有用嗎？還不如朕的一道聖旨！」尼古拉二世不斷的強化王權，讓深陷在飢寒交迫中的人民極度不滿。

對內的治理失當，對外也因戰敗而重挫帝俄雄風，那就是一九〇五年的日俄戰爭，堂堂俄國竟敗給島國日本，國內的改革呼聲高漲，但尼古拉不為所動；到了一九一四年，他決定徵兵參加第一次世界大戰，支援同屬斯拉夫民族的小國塞爾維亞，而與德、奧等國為敵。

「農村的人力不足，如果壯丁男子再赴前線，這日子還能過嗎？」「唉！沙皇的命令誰敢違抗？」「上次不是才戰敗，還不能記取教訓嗎？」人民一片哀號中，俄國仍舊勉強參戰，可是，沙皇不修內政，加之以天災肆虐又無計可施，導致前線作戰失利而後方補給不足。「陛下！前線士兵倉皇應戰，糧食配備不足，還出現了……，三個人合用一支槍的窘狀。臣等十分擔憂，還望陛下明鑒。」大臣終於鼓起勇氣說出真相。

尼古拉二世頹然跌坐，他知道大勢已去，一九一七年初他宣布退位，從此全家被關在一間古堡的地下室，僅以黑麵包度過驚恐的日子，一九一八年沙皇全家被殺，俄國從此進入由共產黨掌控的時代。

興亡為己任的

凱末爾

唯有自立自強才能走出自己的路，如果接受託管，無異於成爲他國的殖民地，我們將永遠是二等國民。

回教徒在西元七世紀建立阿拉伯帝國，興盛了好一段時間；到了十四世紀，則是土耳其帝國的天下，他們滅亡了東羅馬，席捲歐亞非三洲，聲勢如日中天。可是，十九世紀以後，土耳其的國勢日趨衰落，已經成為帝國主義覬覦的目標，凱末爾就在這種內憂外患的情況下出生，真可說是生不逢辰。

凱末爾生於西元一八八一年左右，父親是個基層公務員，娶了比他年少二十歲的妻子，不幸的是，凱末爾之前的三個兄姐全數夭折，凱末爾算是家裡的長子，但他七歲剛上小學，父親就過世了，年輕的寡母被生活所迫，帶著凱末爾投奔鄉下的哥哥，導致凱末爾中斷了學業。

窘迫的經濟條件逼使著凱末爾只能報考軍校，可是，到了十四歲時，因為母親的改嫁，讓凱末爾再度體會人生的無奈。「命運是靠自己創造的，我不能向環境低頭。」凱末爾自我激勵。

憑著努力，凱末爾考進著名的伊斯坦堡軍校，而且成績優異，還被保送到參謀大學深造。這時候，凱末爾大量的閱讀書籍，接觸伏爾泰等民主思想家的作品，開始思考「人權」及「民主」的涵義，並深深的感慨，傳統落後又過於保守的土耳其，很難在競爭激烈的國際間立足。

西元一九〇五年，剛畢業的凱末爾因為散發有關自由思想的文宣而入獄，雖因罪證不足而釋放，但再一次讓他對國家的保守封閉深惡痛絕。他被遣派到偏遠的大馬士革服役，算是一種懲罰；但對他來說，反而有更多的時間觀察及思考，凱末爾邀約了一批志同道合的同志，大家聚會討論，抒發對國家的使命感。

兩年後凱末爾加入「聯合進步黨」，本以為可以貢獻心智戮力為國，但是，黨中大老不欣賞凱末爾不拘小節的行事風格，又不同意徹底變更國體，他們只想做局部的修正，暫時挽救國家的衰微，這種消極的做法看在凱末爾眼中根本是緩不濟急。「我們的國家被列強譏為『近東病夫』，還有時間慢慢改革嗎？」於是，凱末爾脫離了黨團，只想做一個保鄉衛民的軍人。

西元一九一四年第一次世界大戰爆發，土耳其加入「同盟國」的一方，和德、奧等國共抗英法。凱末爾分析國際局勢後頗不以為然：「德奧的兵力雖強，但未必禁得起久戰，反觀英法的立國根基穩固，我們恐怕不是對手。」但是，基於軍人職責，凱末爾依舊盡忠職守，在接連幾次漂亮的勝仗中，奠定起他豐功偉業的基礎。

果然不出凱末爾所料，同盟國在英法等國凌厲的攻勢下難以招架，特別是美國加入戰爭之後，大批人力物力的支援，儼然成了戰場上的生力軍，這期間又碰到土耳其的老皇逝世，而由新皇繼位，一連串的動盪不安，加速了土耳其的崩解，反應出來的現象便是前線潰不成軍！到了西元一九一八年，土耳其宣布戰敗投降，在列強軍隊的進佔中，土耳其形同亡國。

更令人為之氣結的是，新上任的皇帝穆罕默德六世如同傀儡，對戰勝國所提的條件是予取予求。「不平等條約的桎梏將使我們的子孫萬劫不復，政府立場軟弱，無視於國家前途，這種國王要他何用？」凱末爾痛心疾首，大膽的提出推翻王權、重新建國的主張。這時候，凱末爾還不滿四十歲。

正當帝國面臨瓜分之際，土耳其各地興起民族解放運動，出現許多自保和自治的團體，凱末爾成為「東方各省護權協會」的主席，力倡國家自主；但是，另一派人士認為如能接受美國的託管，更有助於國家的進步。凱末爾以充滿感情的演說，駁斥這種說法，他堅定的表示：「唯有自立自強才能走出自己的路，如果接受託管，無異於成為他國的殖民地，我們將永遠是二等國民。」

為了貫徹民主的訴求，凱末爾籌開國會，並揭示所有決議必須符合人民需求的理念。一九二〇年四月二十三日，第一屆國會在安哥拉召開，這一天後來被訂為「國家主權和兒童節」。國會的討論中確立了共和政體，兩年後終結了無所作為的帝國政府，凱末爾在西元一九二三年成為「土耳其共和國」的第一任總統。

安哥拉是個純樸的小鎮，不如伊斯坦堡來得繁華，卻另有一番風情，更何況，伊斯坦堡慘遭列強佔領五年多，反而不若安哥拉深具發展潛力，安哥拉被訂為新都的確不無道理。這一會兒，凱末爾寧靜的望著天邊夕陽，彩霞將雲朵暈染得淒美動人，讓凱末爾心有

所感：「黃昏景致無限美好，但是，土耳其的未來應該更像旭日東升，而不是西沉的夕陽啊！」凱末爾苦思該如何振興國家。回首過去，一次次激烈的征戰，為的是捍衛主權收復失土，如今要革新復興，將會是一條更長遠而艱辛的路，但凱末爾並不畏懼，因為勇往直前是軍人本色，救國興邦更是凱末爾的終生志業。

例如，凱末爾的新政府堅決不承認第一次世界大戰的戰後條約，經過幾個月和列強的周旋談判，土耳其政府爭取到公平的對待，不必償還賠款，也不受軍備限制，這可是戰敗國中唯一的特例，不僅提升國際地位，更是自帝國末期以來最重大的外交成就了；緊接著，凱末爾把焦點轉向國內，在往後的十多年裡，凱末爾推行一系列的改革措施，包括廢除政教合一的「哈里發」制度，取消以回教為國教的限

制，關閉宗教學校，禁止一夫多妻的回教傳統，給予婦女選舉權，讓全國人民不分男女，一律擁有平等的地位。

「鼓勵婦女積極融入社會，就不必侷限於過去的規定，身穿長袍頭戴面罩，往後拋頭露面是很自然的事。」凱末爾明令服裝的改變，他自己也穿起西裝，積極的學習西方文化，例如用西曆取代回曆，把每週的休假日從週五改成週日，廢除以日落時刻為十二點的計時方式，而改以正午時分為十二點，這些都是為了促進土耳其的國際化，巨細靡遺所做的努力。

為了迎頭趕上歐美先進國家，凱末爾以羅馬拼音取代阿拉伯文字，並實施新的民法、刑法和商法，凱末爾還希望增加人民的受教機會，並發展工商，促進國家的現代化。有趣的是，他們成立類似「紅十字會」的組織時，卻命名為「紅月協會」，因為中古時代攻打土耳其的十字軍，就是以「十」字為標誌，對於這段數百年前的歷史，土耳其人似乎還難以釋懷呢！

凱末爾積極的西化，但他並沒有忘了根本，一九三八年他在臨終前交代，將遺產中的一大部分捐給「土耳其歷史協會」和「土耳其語文協會」，以發展本土文化。雖然凱末爾只活到五十八歲，但土耳其人將他尊為國父，以紀念他終生為國家奮鬥的精神。

四度連任的

羅斯福總統

全美有三萬多家公司、工廠倒閉，失業人口高達一千五百多萬，人們不知未來還會如何，大家人心惶惶……

耶誕鈴聲響起，街頭絲毫不見一絲歡樂氣息；潔白的雪花飄落在蒼翠的柏樹葉梢，反而增添幾許悽涼，這是一九二三年美國紐約的街頭景象。因為，持續了好幾年的經濟不景氣，已經到達最嚴重的階段，持續惡化的結果，使全美有三萬多家公司、工廠倒閉，失業人口高達一千五百多萬，人們不知未來還會如何，大家人心惶惶，這場前所未有的災難被稱為「經濟大恐慌」。

「經濟大恐慌」的導因，是由於一九一八年第一次世界大戰結束後，美國為了自身利益，改採保守的孤立主義，不再積極介入國際事務，以杜絕來自美洲以外的糾紛，此舉造成經濟政策上轉趨消極，因為，當美國以「關稅壁壘」抵制歐洲產品以保護國內產業時，歐洲國家也如法炮製，大量縮減對美訂單，如此一來便造成兩敗俱傷，其中又以美國所遭受的影響最為嚴重，讓這個擁有「世界工廠」之稱的經濟巨人，彷彿一下子便元氣大傷。

就在這一片蕭條之際，民主黨的羅斯福在一九三三年初就任總統。「我們必須立即行動，遏阻這場災難，現在，先由學者專家組成智囊團，擬定出有效的計畫，讓我們一起來拚經濟！」羅斯福以堅定的口吻，向經濟大恐慌宣戰。

說話語氣堅定、眼神銳利的羅斯福，其實是個溫文儒雅、博學多聞的飽學之士，他在一八八二年出生於紐約，從小接受良好的教育，在著名的學府哈佛研讀歷史，又在哥倫比亞大學精研法律，並能說寫出流利的法文和德文。羅斯福就任總統時已經年滿五十了，雖然他在數年前曾經感染過一次小兒麻痺，但他堅強的戰勝病魔，並沒有對他的雙腿造成嚴重的傷害。現在他準備以更堅定的決心和毅力，帶領美國人民和這場「經濟大恐慌」做生死戰鬥。

為了安定民心，讓民眾知道政府的步驟和計畫，羅斯福利用無線電廣播，在收音機裡主持「爐邊閒談」的談話性節目。他以話家常的親切口吻，讓大家對政府恢復信心，不要一窩蜂的到銀行擠兌而造成恐慌，他要求國會通過數項法案，禁止炒作股票的投機交易，又實施一連串的新經濟政策，使物價回歸正常，並確保銀行等金融機構的正常營運。

當朝野一致努力，逐漸顯出績效時，羅斯福仍舊眉頭深鎖，在辦公室裡踱步沉思，他望著街上那些瑟縮發抖的貧民、骨肉如柴的老人、還有一些衣衫破舊的兒童，他覺得拚經濟的路還需要付出更多的努力。

羅斯福要求國會通過「聯邦緊急救助法案」，以七億美元的救濟金補助了三百多萬個貧困的家庭。但是，救濟並不是長久之計，如果要這些人能夠自食其力，唯一的辦法就是安排他們積極就業。

「就算是遭逢災變，國家建設是不能停頓的，許多公共工程還是要做，學校、醫院、鐵公路、各地的水土保持，電線、路燈的架設等等，都可以製造出一些就業機會。」羅斯福一一指示著。

的確，藉由這些工程的進行，數百萬人得到就業機會，有了穩定的工作，讓他們生活逐漸步入正常，社會也安定下來，還因此促進地方的繁榮。例如著名的「田納西河」整治計畫，就以完善的規劃，防治了整個河川流域的水旱災，造就出良田萬頃，還增加一系列水庫、水壩的建築，產生水力發電的功效。

為了共度難關，羅斯福要求各個工廠在縮減工資的同時也減少工時，並給予員工最低工資的保障，這就是後來實施週休二日的雛形。又為了幫助沒有土地田產的佃農得以生存，政府鼓勵農民先以低利長期的貸款購得土地，再接受農業專家的指導，計畫性的從事耕作而不盲從，讓農產品的供需不致失調，才不會造成「穀賤傷農」的悲劇。

到了一九三六年，羅斯福的「新政」逐漸改善了經濟不景氣的現象，這時候，他找尋專家研擬「財富徵稅法案」，以累進稅率徵收有錢人應繳的稅款，再搭配國家財政，計畫性的建立社會福利制度，例如「社會安全法案」中對於暫時失業的勞工，就有失業保險金的服務項目；而六十五歲以上的退休人員、盲啞殘障人士、孕婦、無依老人等等，也能獲得醫療保健和補助；清寒家庭中的子弟，則可以申請半工半讀，繼續完成高中以上的學業。

這一年，羅斯福順利的連任成功，可是，這時候的世界局勢卻有了極大的變化，亞洲的日本已經對中國發動大規模的戰爭，厲行軍國主義的德國，也在希特勒的驅使下大軍橫掃歐洲，震驚全世界的第二次世界大戰爆發了，人們生命財產的損失不計其數，好在美國並沒有捲入戰爭，羅斯福仍然可以領導全國進行「新政」的改革，他讓美國民眾重拾信心，朝野一致認為，唯有羅斯福這樣有所作為的總統，才能帶領大家度過難關。

一九四一年年底，當羅斯福已經打破美國憲法的規定而三度連任總統時，日本卻偷襲美國在太平洋的軍事基地珍珠港，逼使得美國對日本宣戰，加入了中英法等國的「協約國」陣營。

美國的參戰，無異是給「協約國」打了一劑強心針，苦戰已久的中國、英國立即獲得支援，美國所提供的軍事物資更像是個世界兵工廠，從八十多億美元的武器生產總值，暴增到兩百多億美元；飛機的年產量五千多架，則增加到九萬六千多架。

為了徹底粉碎德、日等「軸心國」的侵略野心，羅斯福還號召科學家研究先進的原子科學，其中最重要的一位，就是鼎鼎有名的猶太籍科學家愛因斯坦。一九四四年又逢總統大選，六十三歲的羅斯福健康狀況已經很差了，幾乎無法參加耗費體力的競選活動。可是，美國人民認為，在這危急存亡的關鍵時刻，唯有羅斯福值得大家信賴，所以羅斯福四度當選連任，足以顯見他在人民心目中的地位。

體力日衰的羅斯福上任才三個月就去世了，他未能看見原子彈發展成功，更沒看到「軸心國」慘敗投降。但是，他所付出的努力，一直被世人所肯定。「新政」讓美國從經濟大恐慌的艱難中重新站立，他和英、蘇等領袖所規畫的國際組織「聯合國」在戰後開始營運，二十世紀的美國立於世界領導地位，羅斯福的確功不可沒！

亂世梟雄

希特勒

希特勒在戰爭時表現的冷酷、對猶太人無情的殺戮、對德國獨裁的統治，似乎是人們永難抹平的傷痛！

「快去排隊買麵包啊！晚了就來不及了。」民眾奔相走告，換來一聲聲長吁短嘆。「唉！政府只會印鈔票，戰前是四馬克兌換一美元，現在是五百馬克兌換一美元，這叫我們怎麼過日子啊！」

德國是第一次世界大戰的戰敗國，依照「巴黎和會」所簽的「凡爾賽條約」規定，德國必須賠償這次戰爭所有的損失，巨額的賠款總值是兩年內先償付相當於五十億美金的黃金及物資，然後再根據戰勝國對自己損失的調查總結算，告知德國接下來的償還款項，這種逼著德國簽下空白支票的作法，簡直是讓德國永世不得翻身。

可悲的是，德國因為是戰敗國，根本不能出席「巴黎和會」，面對多達四百四十條、還外加二十個附錄的「凡爾賽條約」，德國也僅有一個星期的考量，最後幾乎是照單全收，完全接受戰勝各國的擺佈，這也難怪戰後的德國簡直是瀕臨崩解滅亡了。

戰爭的大量耗損，已經嚴重折損德國的經濟，當巴黎和會尚未做出懲處時，馬克已經貶值到十四元兌換一美元，短短兩年之間，馬克陸續貶到五百比一美元的慘況，德國國內經濟的窘困、悽慘不難想像！

戰勝國對德國的懲罰依舊不肯罷手，他們終於在西元一九二一年做出估算結果，德國的賠款總金額是三百三十億美元，還有詳細的付款時間細則，絲毫沒有轉圜的餘地。面對這筆天文數字，再加上歷經四年苦戰所帶來的耗損，德國政府欲振乏力，只好增發鈔票，並且收購民間物資，交給戰勝國折價後支付賠款，如此勢必造成國內民生物資缺乏且又通貨膨脹，但德國政府已經是束手無策了，任人宰割之外似乎是別無選擇！

其實，這還不是最悽慘的狀況，惡性循環之下，一九二三年年初，馬克對美元的兌換率變成一萬八千比一；就在同一年年底，馬克慘跌到四萬億比一，簡直是天下奇觀。「這還叫作鈔票嗎？根本比廢紙還不如啊！」民眾扛著大皮箱到公司領薪水，再拖著「幾大箱鈔票」在街頭排隊買日用品，他們的眼神流露出不安，嘴中不斷咒罵，一腔怒火隨時爆發，這就是戰後德國的景象，也正是希特勒崛起的背景。

希特勒於一八八九年生於奧國北部，他的資質聰穎，思緒敏捷，筆鋒銳利又擅與人辯論，但因為沒接受完整的教育，以致發展受限。他對美術和繪畫頗有興趣，曾經到維也納嘗試報考美術專科學校，卻因高中都沒畢業而失去報考資格，所以，他只好靠著幫人畫畫廣告看板，勉強的維持生活，這是希特勒生命中最黯淡的一段時光。

希特勒是個極端的愛國分子，第一次大戰爆發後，他自願申請加入德軍，戰後返回慕

尼黑，親眼目睹戰勝國對德國毫不留情的摧殘。「談什麼戰後和平，簡直是胡扯！今天德國淪落至此，『國際聯盟』為虎作倀，不能伸張正義，就是罪魁禍首！」希特勒激動的說。於是，他在西元一九一九年加入「德國工人黨」，重伸民族主義，不久就成為該黨的領袖，並改名為「國家社會黨」，德文音譯為「納粹黨」。

廢除凡爾賽條約、爭取國際平等的地位，是納粹黨的主要訴求，也深獲群眾的認同，這時正是國內經濟崩解、民不聊生的痛苦時期，希特勒率領黨員在一九二三年起來暴動，企圖奪取政權，卻被政府的軍警敉平，他還因此吃了一年牢飯；不過，這段期間正是他沉澱思緒，靜靜規劃未來的階段，他寫了《我的奮鬥》這本書，除了介紹自己，也詳細說明施政的理念和目標，出版後廣獲支持與共鳴。

德國悲慘的境遇除了因為凡爾賽條約的桎梏，又碰到世界性的經濟大恐慌，加倍的衝擊下，許多公司工廠相繼倒閉，一九三一年的全國失業人口高達六百萬，社會秩序日趨混亂，共產黨趁機宣傳；但是，希特勒堅持反共的理念，他堅決的認為：「共產主義挑起階級仇恨，以鬥爭的方式達到訴求，這樣只會增加動亂不安，根本無濟於事。」

希特勒堅定的反共立場，立刻贏得資本家和企業界的支持，他們對共產黨心懷恐懼，現在則是把希特勒當成救星，再加上希特勒陸續提出其他的救國主張，例如提高農產品的價格、保證就業機會、擴展軍備等等，都贏得社會大眾對他的支持，當然，其中最重要的一項就是廢除凡爾賽條約，讓德國重新站立！

憑著動人的演說和組織動員，加入納粹黨的人數激增，一九三二年成為德國的最大黨派，這一年的總統大選中，成為總統的興登堡僅勝希特勒五百萬票，納粹黨的實力實在不容小看。

在國內政經都難以提升的窘況下，希特勒的個人魅力不斷增強，一九三三年興登堡邀約希特勒擔任首相，希特勒終於獲得執政機會。

「為了貫徹政令、強化行政效率，必須依照我的指示行事。」希特勒開始施展獨裁手段，他要求解散國會進行重選，再向新國會要求授予便宜行事的特權。一九三四年興登堡去世，希特勒同時擔任總統和內閣總理，被稱為「元首」，軍警都必須向他宣示效忠，正式展開個人的獨裁統治。

「此後，唯有納粹黨是唯一的合法政黨，其他黨團一律取消。」希特勒傳令下去。接著設立「蓋世太保」、「人民法庭」等特務組織，凡是不忠於國家或是納粹黨的異議人士，都會遭到無情的撲殺或是命喪集中營。

希特勒認為北歐種族的阿利安人是「文化創造者」，其中尤以德國人佔最多數，所以他們是世界上最優秀的民族，而猶太人則是「永久的寄生蟲」和「文化破壞者」，必須將之撲殺殆盡。於是，將近有六百三十多萬的猶太人，遭到德國特務人員計劃性的屠殺，堪稱是近代史上最悲慘的一頁。

希特勒取得政權以後，開始大剌剌的整軍備戰，完全不顧凡爾賽條約的約束，看在德國人眼裡，當然為之喝采不已，再加上希特勒積極的推動經濟建設，有效的遏止失業率高漲，並顯現出建設的成果，希特勒得到人民近乎英雄式的崇拜，乃是必然的現象；但在英、法等國眼中，已經感到惶惶不安，因為西元一九三八年的時候，德國空軍實力已經遠超過英法兩國，而當初凡爾賽條約對德國空軍的限制是「嚴禁德國設立空軍」！希特勒將以戰爭作為報復，似乎已成定局。

一連串的軍事擴張和土地兼併，德軍席捲奧國、捷克，然後和蘇俄瓜分了波蘭，逼使得英法不再姑息，終於在一九三九年對德宣戰，二次世界大戰的歐戰爆發，德軍以閃電戰術攻下丹麥、挪威、盧森堡、比利時和荷蘭，下一個目標就是法國。

一九四〇年的六月，德軍獲得壓倒性的勝利，僅有戴高樂將軍駕機逃往英國，以廣播呼籲法國人繼續抵抗德軍，這種消極的作為，希特勒根本是不屑一顧！

不過，從一九四一年德俄大戰爆發以後，德軍面臨東、西雙邊作戰，因為拉鋸戰而備感吃力，再加上該年珍珠港事變之後，美國以生力軍的姿態加入戰場，全力協助英法等國反攻，逼得德軍難以招架。希特勒眼見大勢已去，就在一九四五年的五月一日，和新婚三天的妻子一起自殺身亡，德國正式宣布戰敗，歷時五年多的歐戰浩劫終於結束。但是，希特勒在戰爭時表現的冷酷、對猶太人無情的殺戮、對德國獨裁的統治，似乎是人們永難抹平的傷痛！

中小學生必讀的西洋人物故事

2006年8月初版
2016年8月初版第四刷

定價：新臺幣360元

著者 曹若梅
繪圖 江長芳
總編輯 胡金倫
總經理 羅國俊
發行人 林載爵

出版者 聯經出版事業股份有限公司
地址 台北市基隆路一段180號4樓
編輯部地址 台北市基隆路一段180號4樓
叢書主編電話 (02)87876242轉213
台北聯經書房 台北市新生南路三段94號
電話 (02)23620308
台中分公司 台中市北區崇德路一段198號
暨門市電話 (04)22312023
郵政劃撥帳戶第0100559-3號
郵撥電話 (02)23620308
印刷者 文聯彩色製版印刷有限公司
總經銷 聯合發行股份有限公司
發行所 新北市新店區寶橋路235巷6弄6號2F
電話 (02)29178022

叢書主編 黃惠鈐
陳逸茹
校對 蘇淑惠
整體設計 陳淑儀

行政院新聞局出版事業登記證局版臺業字第0130號

本書如有缺頁，破損，倒裝請寄回台北聯經書房更換。
ISBN 978-957-08-3053-8 (平裝)
聯經網址 http://www.linkingbooks.com.tw
電子信箱 e-mail:linking@udngroup.com

國家圖書館出版品預行編目資料

中小學生必讀的西洋人物故事
/曹若梅著．江長芳圖．
--初版．--臺北市：聯經，2006年
296面；17×23公分．
ISBN 978-957-08-3053-8（平裝）
[2016年8月初版第四刷]

1.世界傳記-通俗作品
2.小學教育-教學法
3.中等教育-教學法

523.34 95016070

聯經出版公司信用卡訂購單

信用卡別：　□VISA CARD　□MASTER CARD　□聯合信用卡
訂購人姓名：　________________
訂購日期：　______年______月______日
信用卡號：　______ ______ ______ ______
信用卡簽名：　______________(與信用卡上簽名同)
信用卡有效期限：　______年______月止
聯絡電話：　日(O)____________夜(H)____________
聯絡地址：　□ □□____________________
訂購金額：　新台幣____________________元整
（訂購金額 500 元以下，請加付掛號郵資 50 元）

發票：　□二聯式　□三聯式
發票抬頭：　____________________
統一編號：　____________________
發票地址：　____________________
如收件人或收件地址不同時，請填：
收件人姓名：　□先生
____________________□小姐
聯絡電話：　日(O)____________夜(H)____________
收貨地址：　____________________

・　茲訂購下列書種・帳款由本人信用卡帳戶支付・

書名	數量	單價	合計
		總計	

訂購辦法填妥後
直接傳真 FAX：(02)8692-1268 或(02)2648-7859
洽詢專線：(02)26418662 或(02)26422629 轉 241

網上訂購，請上聯經網站：　www.linkingbooks.com.tw